KB128972

실어증 및 인지의사소통장애를 위한

언어재활 워크북

표현력 편

서혜경 · 김주연 공저

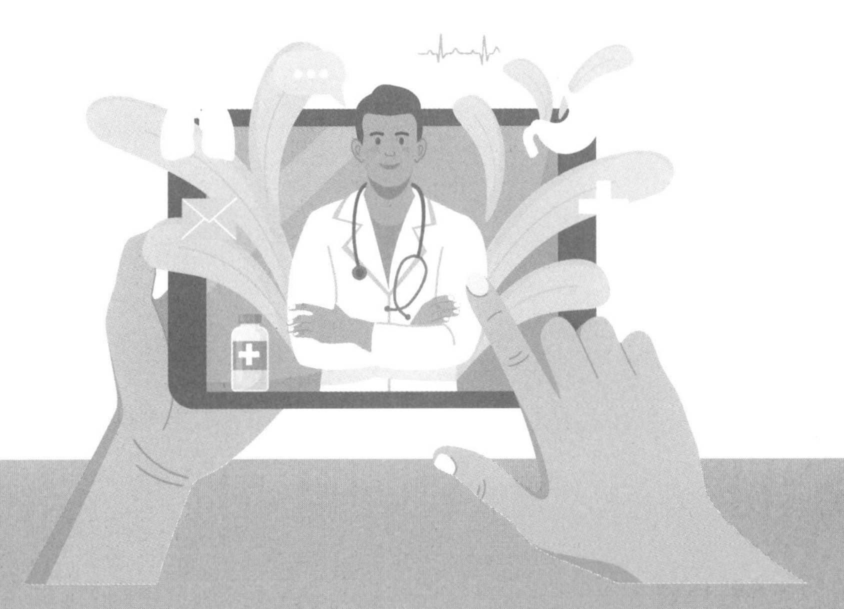

학지사

머리말

저자들은 실어증 및 인지의사소통장애 환자들을 주로 만나면서 이들을 대상으로 하는 체계적이고 단계적인 언어치료 프로그램의 필요성을 느끼고 2021년에 『언어재활 워크북-이해력 편』을 출간하였습니다. 언어재활은 이해력뿐만 아니라 표현력 연습도 반드시 병행되어야 합니다. 그래서 이번에는 '이해력 편'에 이어서 임상과 가정에서 바로 활용할 수 있는 '표현력 편'을 준비하게 되었습니다.

이 워크북은 구강운동부터 구어 모방, 단어 인출, 문장 산출, 담화 산출 과제로 구성하였습니다. 과제는 난이도별로 여러 회기에 걸쳐 사용할 수 있도록 많은 문항을 포함하였습니다. 더하여 이 워크북은 가정에서도 지속적으로 언어재활을 이어가야 하는 환자 및 보호자, 예비 언어재활사, 기타 전문가 등이 쉽게 활용할 수 있도록 각 과제마다 과제 실시 방법을 제시하였습니다.

차례

제4장 단어 인출 35

제5장 문장 산출 151

제 1 장

워크북 사용을 위한 안내

1. 언어재활이란

1) 언어

언어란 세상의 사물, 사건, 생각 등을 표현하기 위해 임의적으로 사용하는 기호로 말, 문자, 몸짓 등에 의한 상징체계이다. 구어는 말소리로 구성된 언어의 상징체계, 문어는 문자로 구성된 언어의 상징체계, 수화는 몸짓으로 구성된 상징체계이다. 언어는 사람과 사람이 의사소통을 함에 있어서 가장 기본이 되는 수단이고, 전달하고자 하는 의미가 특정 문맥에 적절히 적용되도록 내용, 형식, 기능이 조화롭게 만들어져야 한다(김영태, 2014).

2) 뇌손상과 언어장애

뇌손상은 뇌졸중, 뇌종양, 외상, 감염 등으로 뇌가 제 기능을 하지 못하는 상태를 의미한다. 언어장애는 브로카 영역이나 베르니케 영역과 같은 중요한 센터의 손상으로 야기되며, 활꼴 다발(arcuate fasciculus)과 같이 그 센터를 연결하는 통로의 손상이 원인이 되기도 한다. 구체적으로 살펴보면, 전두엽은 수의적인 행동을 계획하고 집행하는 역할을 한다. 특히 하전두이랑(inferior frontal gyrus)에 위치한 브로카 영역이 손상을 입게 되면 언어를 형성하고 표현하는 데 어려움을 겪게 된다. 브로카 영역은 전두덮개부(frontal operculum)와 삼각부(pars triangularis)로 구성되는데 이 부분의 손상은 브로카 실어증을 야기하고, 실문법증, 발성실행증 등을 동반하기도 한다. 다음으로 두정엽은 촉각 · 신체 인지 · 시공간 정보를 지각하고 통합한다. 두정엽의 하두정소엽(inferior parietal lobule)에 위치한 각이랑(angular gyrus) 또한 언어처리에 중요한 역할을 담당하는데, 해당 영역이 손상되면 단어와 개념의 이해에 문제를 초래한다. 측두엽은 청각 자극을 지각하고 처리한다. 상측두이랑(superior temporal gyrus)에 위치한 베르니케 영역은 각이랑, 뇌섬(insula), 그리고 기저핵(basal ganglia)과 함께 말의 맥락과 의미를 파악하는 역할을 한다. 따라서 베르니케 영역이 손상되면 청각적으로 제공되는 자극 처리에 두드러지게 어려움을 보인다. 마지막으로 후두엽은 시각 정보를 지각하고 처리하는 역할을 한다. 해당 영역이 손상되면 시지각이 왜곡되며, 심각한 경우에는 읽기장애가 발생한다.

3) 언어재활의 기본 원리

언어재활은 유전적, 신경학적, 심리적 또는 환경적인 원인으로 인하여 정상적인 의사소통이 어려운 환자를 대상으로 말 · 언어 장애를 다룬다. 말장애(speech disorders)는 소리를 매개로 한 말의 인식이나 말 산출의 장애를 포함하며, 말소리장애, 음성장애, 유창성장애, 말운동장애 등이 포함된다. 언어장애(language disorders)는 언어습득기에 언어발달에 관련된 장애나 언어 습득 후 사고나 질환으로 인한 후유증으로 생길 수 있는 언어 이해 및 표현의 장애를 말하며, 읽기 및 쓰기의 장애도 포함될 수 있다. 말장애와 언어장애는 동반되어 나타날 수도 있다.

이 책은 언어장애 중에서 실어증(aphasia)과 인지의사소통장애(cognitive communication disorder)를 대상으로 하였다. 실어증이란 언어 습득 시기가 지난 후에 뇌손상으로 인해 후천적으로 발생하는 언어장애이다. 보편적으로 약 6~9세 정도면 언어 습득 시기가 끝나므로 이 시기 후에 뇌손상으로 생기는 언어장애가 실어증이다. 인지의사소통장애란 의사소통 결함의 일차적 원인이 언어능력 저하의 문제가 아닌 주의력(attention), 기억력(memory), 지각력(perception), 통찰 및 판단 능력(insight and judgment), 구성능력(organization), 처리속도(processing speed), 문제해결력(problem solving), 추론능력(reasoning), 실행능력(executive functioning), 상위인지능력(metacognition) 등 인지(cognition)를 구성하는 요소의 문제가 의사소통에 영향을 끼치는 것을 말한다.

말(speech)은 역동적인 신경활동을 통해 개인의 생각과 감정을 소리를 매개체로 하여 외부로 표출하는 의사소통 방식이다. 말을 원활하게 산출하기 위해서는 여러 단계의 신경활동이 통합되어야 한다. 이 통합 과정은 신경인지-언어(neurocognitive-linguistic), 신경계획(neuroprogramming), 신경근육(neuromuscular)의 단계를 포함한다. 먼저, '신경인지-언어 단계'에서는 생각, 의도, 감정 등이 구어 상징(spoken language symbol) 형태로 변환되는데, 구어 상징은 각 개인이 속한 사회에서 통용되는 언어학적 규칙이 반영된다. 둘째, '신경계획 단계'는 중추신경계인 뇌에서 말 운동(speech motor)이 계획되는 단계로서, 추상적 말소리인 '음운(phoneme)'이 말 산출을 위한 구체적인 운동 정보로 전환되는 과정을 거친다. 셋째, '신경근육 단계'에서는 말 운동에 대한 구체적인 계획이 시냅스를 통해 말초신경인 뇌신경을 거쳐 호흡, 발성, 공명, 조음의 협조를 조절하는 말 산출 하부 기관인 성대, 입술, 혀 등으로 전달된다. 이 단계들을 거쳐서 실현된 소리는 최종적으로 청자의 귀에 물리적 형태인 '음(phone)'으로 인식된다. 일반적으로 이 세 단계 중에서 '신경인지-언어 단계'를 제외한 과정을 '말 운동 산출 과정'이라 한다(김선우 외, 2012). 조금 더 구체적으로 살펴보면, 자발적으로 문장을 말할 때 베르니케 영역은 메시지를 표현하는 데 필요한 단어들을 중앙 심성어휘집(central lexicon)에서 인출하고, 음운적 · 구문적 · 의미적 규칙을 따르는 문장을 구성한다. 이후 베르니케 영역은 신경계적으로 부호화된 문장을 활꼴 다발을 통해 브로카 영역으로 보낸다. 브로카 영역은 신경 부호를 행동 계획으로 해석하여, 일차운동피질(primary motor cortex)로 전달한다. 일차운동피질은 메시지를 마지막으로 정리하여 추체로(pyramidal tracts)를 통해 말 산출 근육의 동작을 설정하는 뇌신경(cranial nerves)으로 보낸다. 말 산출 근육이 메시지를 산출하면 베르니케 영역은 메시지를 확인하고 필요 시 수정 모드로 시스템을 전환한다(Brookshire & McNeil, 2014). 뇌 손상 환자는 앞서 언급한 단계 중 특정 부분에서 결함이 있을 수 있으며, 이는 환자의 단어 인출이나 문장 산출 등을 어렵게 한다.

매우 제한적인 구어 표현이 가능하다면 모음을 이용해 간단한 소리내기부터 시작하여 독립적인 단어를 산출하는 훈련이 도움이 될 것이다. 이후 단음절, 자동구어, 가족 이름대기 등의 쉬운 발화과제를 진행하며, 일부 자발적인 구어 표현이 가능한 대상자는 구와 문장, 담화를 효율적이며 정확하게 산출하는 것을 목표로 할 수 있다(김향희, 2021).

2. 『언어재활 워크북』의 활용

이 책은 언어재활이 필요한 실어증 및 인지의사소통장애 환자군을 대상으로 하며 다양한 연령층에서 사용할 수 있다. 과제는 크게 5개로 구성하였으며, 구강운동, 구어 모방, 단어 인출, 문장 산출, 담화 산출을 포함한다. 과제 실시는 임상가가 자극이나 문장, 질문을 제시하고 환자가 단어나 구, 문장 등의 형태로 대답하는 방식으로 진행한다. 정답지는 별도로 제공하지 않았으며 우리말 국어사전의 뜻풀이, 연관 단어, 유의어 및 반의어, 예문 등을 참고할 것을 권고한다. 또한 표준화된 연습 시간은 없으므로 언어장애의 중증도 및 유형에 따라 연습 시간을 정하여 진행한다.

3. 『언어재활 워크북』 과제의 이해

1) 구강운동

실어증 발병 초기에는 발성 혹은 구강운동에도 어려움을 보이는 경우가 종종 있다. 본격적인 말 산출 훈련에 앞서 가장 기초적인 단계로 호흡 훈련, 입술운동, 혀운동, 교호운동 훈련을 진행할 수 있도록 과제를 구성하였다.

2) 구어 모방

다양한 결함 가운데 하나로 실어증 환자들은 브로카 영역과 베르니케 영역을 연결하는 활꼴 다발을 비롯하여 연합피질(association cortex), 하두정소엽, 시상(thalamus) 등의 손상으로 인해 다른 사람의 말을 따라 할 수 없는 장애를 가진다. 이 같은 경우뿐만 아니라 치료 초기에 자발적으로 거의 말을 산출하지 않는 환자에게 말 산출을 끌어내기 위해 구어 모방 훈련이 필요하다. 특히 노래 부르기는 우반구에서 관장하는 손상되지 않은 비언어적 기능을 사용하여 언어재활을 돕는 치료방법이다(김향희, 2021). 이 워크북에서는 노래 부르기를 포함하여 자동구어 모방, 단어 모방, 문장 모방 과제를 제시하였다. 단어를 구성하는 음절 수, 문장을 구성하는 어절 수 등을 달리하여 난이도를 조정하였다.

3) 단어 인출

대부분의 실어증 환자는 단어 인출에 제약이 있으며, 그 능력이 저하되면 자발적으로 문장을 말할 때 에둘러 말하기(circumlocution), 착어(paraphasia) 등의 오류로 이어진다(Mendez & Cummings, 2003). 특히 매우 제한된 말 산출만 자발적으로 할 수 있는 환자의 경우는 독립적인 단어를 산출하는 훈련이 반드시 필요하다.

일상에서 반복적으로 학습된 문장을 완성하는 과제는 대면 이름대기 혹은 임상가가 말하는 정의를 듣고 정의에 적절한 단어를 인출하는 과제보다 더 쉽다. 따라서 문장 완성 과제는 자발적인 어휘 인출과 말 산출로 이행할 수 있도록 하는 데에 발판으로 활용할 수 있다. 대면 이름대기 훈련은 단어의 자동적인 산출에서 조금 더 의도적인 단어의 인출, 부호화, 그리고 산출을 이끌기 위해 사용할 수 있다. 다만, 대면 이름대기 훈련은 그 자체만으로 환자에게 지속적인 향상을 기대하기 어려운 부분이 있다. 그러므로 실용적이고 기능적인 의사소통을 위한 다양한 방식의 단어 인출 훈련을 고려해야 한다. 이 워크북에서는 단어 인출을 촉진하기 위해 의미자질 분석, 발산적 단어 연상, 수렴적 단어 연상, 문장 완성, 질문 응답, 대면 이름대기, 범주화, 상위어, 단어 유창성, 반의어, 유의어, 음절 조합, 단어 퍼즐 과제를 포함하였다.

4) 문장 산출

자발적인 말 산출이 어느 정도 가능한 환자에게는 문장을 효율적으로 산출하는 것을 목표로 할 수 있다. 임상에서 흔히 사용되는 방법 중의 하나인 질문-응답 과제는 임상가가 환자의 경험이나 의견, 또는 일반적인 지식과 관련된 질문을 하여 환자가 문장으로 대답하도록 유도하는 방식이다. 또한, 문장 구성 과제는 임상가가 단어들을 제시하고 환자에게 그 단어들이 포함된 문장을 산출하도록 이끈다. 이 워크북에서는 일상 대화, 질문 응답, 상황 대화, 정보전달, 단어 정의, 조사 완성, 복문 산출, 단어를 활용한 문장 구성, 주제에 대한 문장 구성, 공통점 및 차이점 설명, 관용어 설명 과제를 포함하였다.

5) 담화 산출

담화는 둘 이상의 문장이 연속되어 이루어지는 말의 단위이다. 담화 산출 과제는 자극이나 주제, 사건 등을 제시하여 환자의 연결발화를 유도한다. 임상에서 주로 사용하는 방법은 그림 설명, 이야기 산출, 절차담화 산출 등이 있고, 환자의 독백을 유도하는 방법으로 목표 문장에 대한 제약이 없다. 또한, 환자는 단어 선택의 폭이 매우 넓고 문장의 형식을 자유롭게 구성할 수 있다. 이 워크북에서는 그림 설명, 이야기 회상 산출, 절차담화 산출, 기능적 구성, 기사문에 대한 토론, 주제에 대한 토론, 독백 과제를 포함하였다.

제2장

구강운동

과제 실시 방법

1. 임상가는 대상자에게 각 훈련의 실시 방법을 설명하면서 동작을 함께 보여 주고 대상자가 따라하도록 합니다.
2. 임상가는 대상자에게 과제를 지시하고 대상자가 혼자서 동작을 하도록 합니다.
3. 대상자가 과제를 수행하지 못할 경우, 동작을 보여 주거나 신체적 촉구를 통해 정반응을 유도합니다.

예 대상자가 '호기'를 적절히 하지 못할 경우, 대상자의 복부를 손으로 눌러 줍니다.

4. 교호운동 과제에서 모음을 다양하게 결합하여 연습합니다.

예 /커커커커/ → /캐캐캐캐/, /카카카카/, /코코코코/

1. 호흡 훈련 (☞ 과제 실시 방법 p. 16)

흡기와 호기의 조절

1. 코로 숨을 들이쉬고(2초) 숨을 참은 후(1초)
   입으로 천천히 내쉰다(5초).
2. 코로 숨을 들이쉬고(2초) 숨을 참은 후(1초)
   /스-/ 소리를 내며 일정하게 천천히 내쉰다(5초).

기류의 장단 조절

1. 코로 숨을 들이쉬고(2초) 숨을 참은 후(1초)
   /스-/ 소리를 내며 두 차례 길게 나누어 내쉰다(2초+2초).
2. 코로 숨을 들이쉬고(2초) 숨을 참은 후(1초)
   /스-/ 소리를 내며 네 차례 짧게 나누어 내쉰다(1초+1초+1초+1초).

기류의 강세 조절

1. 코로 숨을 들이쉬고(2초) 숨을 참은 후(1초)
   /스-/ 소리를 점점 강하게 내쉰다(3초).
2. 코로 숨을 들이쉬고(2초) 숨을 참은 후(1초)
   /스-/ 소리를 점점 약하게 내쉰다(3초).

폐활량 증진

1. 코로 숨을 들이쉬고(2초) 한숨에 하나부터 열까지 센다.

2. 입술운동 훈련 (☞ 과제 실시 방법 p. 16)

입술의 힘과 운동범위 증진

1. /우/ 소리를 내며 입술을 앞으로 내민다.

2. /오/ 소리를 내며 입술을 모은다.

3. /이/ 소리를 내며 입술 꼬리를 평평하게 당긴다.

4. /우이/를 4회 반복한다.

5. /오이/를 4회 반복한다.

6. /우오/를 4회 반복한다.

7. /우오이/를 4회 반복한다.

8. /이오우/를 4회 반복한다.

9. /우이오/를 4회 반복한다.

10. 입술을 붙였다 떼면서 /쁘/ 소리를 4회 반복한다.

3. 혀운동 훈련 (☞ 과제 실시 방법 p. 16)

혀의 힘과 운동범위 증진

1. 혀를 앞으로 최대한 내밀고 4초간 유지한다.

2. 혀를 왼쪽 입꼬리에 대고 4초간 유지한다.

3. 혀를 오른쪽 입꼬리에 대고 4초간 유지한다.

4. 혀를 오른쪽과 왼쪽으로 움직이기를 4회 반복한다.

5. 혀로 왼쪽 볼을 최대한 밀면서 4초간 유지한다.

6. 혀로 오른쪽 볼을 최대한 밀면서 4초간 유지한다.

7. 혀를 윗입술에 대고 4초간 유지한다.

8. 혀를 아래로 내밀고 4초간 유지한다.

9. 혀를 위쪽과 아래쪽으로 움직이기를 4회 반복한다.

10. 혀끝을 앞니 뒤쪽에 대었다가 떼면서 /뜨/ 소리를 4회 반복한다.

4. 교호운동 훈련 (☞ 과제 실시 방법 p. 16)

'입술'의 교대운동 속도 증진

1. /퍼퍼퍼퍼/를 4회 반복한다.
2. /뻐뻐뻐뻐/를 4회 반복한다.
3. /머머머머/를 4회 반복한다.
4. /버버버버/를 4회 반복한다.

'혀 앞부분'의 교대운동 속도 증진

1. /터터터터/를 4회 반복한다.
2. /러러러러/를 4회 반복한다.
3. /너너너너/를 4회 반복한다.
4. /더더더더/를 4회 반복한다.
5. /떠떠떠떠/를 4회 반복한다.

'혀 뒷부분+연인두'의 교대운동 속도 증진

1. /커커커커/를 4회 반복한다.
2. /겅겅겅겅/을 4회 반복한다.
3. /거거거거/를 4회 반복한다.
4. /꺼꺼꺼꺼/를 4회 반복한다.

'입술+혀'의 연속운동 속도 증진

1. /퍼터퍼터/를 4회 반복한다.

2. /퍼커퍼커/를 4회 반복한다.

3. /터커터커/를 4회 반복한다.

4. /터퍼터퍼/를 4회 반복한다.

5. /커퍼커퍼/를 4회 반복한다.

6. /커터커터/를 4회 반복한다.

7. /퍼터커/를 4회 반복한다.

8. /커터퍼/를 4회 반복한다.

제3장

구어 모방

1. 노래 부르기
2. 자동구어 모방
3. 단어 모방
4. 문장 모방

과제 실시 방법

1. 노래 부르기 ☞ pp. 25-26

1. 임상가는 대상자와 함께 목표 노래를 부릅니다.
2. 대상자가 혼자서 목표 노래를 부르도록 합니다.
3. 대상자가 혼자서 노래를 시작하지 못할 경우, 노래의 첫 소절을 함께 부르고, 대상자가 혼자서 노래를 이어 부를 수 있도록 합니다.

2. 자동구어 모방 ☞ p. 27

1. 임상가는 대상자와 함께 자동구어를 암송합니다.
2. 대상자가 혼자서 자동구어를 암송하도록 합니다.
3. 대상자가 혼자서 자동구어를 암송하지 못할 경우, 임상가를 따라하도록 합니다.

3. 단어 모방 / 문장 모방 ☞ pp. 28-34

1. 임상가는 대상자에게 목표 단어 혹은 문장을 들려주고 따라 말하도록 합니다.
2. 대상자가 오반응할 경우, 반복해서 들려주거나 글자 단서를 제시합니다.

1. 노래 부르기 (☞ 과제 실시 방법 p. 24)

당신은 누구십니까
나는 ○○○
그 이름 아름답구나

나비야 나비야 이리 날아 오너라
호랑나비 흰나비 춤을 추며 오너라

산토끼 토끼야 어디를 가느냐
깡총깡총 뛰면서 어디를 가느냐

학교종이 땡땡땡 어서 모이자
선생님이 우리를 기다리신다

떴다 떴다 비행기 날아라 날아라
높이 높이 날아라 우리 비행기

동해물과 백두산이 마르고 닳도록
하느님이 보우하사 우리나라 만세

2. 자동구어 모방 (☞ 과제 실시 방법 p. 24)

1. 1 2 3 4 5 6 7 8 9 10

2. 하나 둘 셋 넷 다섯
여섯 일곱 여덟 아홉 열

3. 1월 2월 3월 4월 5월 6월
7월 8월 9월 10월 11월 12월

4. 월 화 수 목 금 토 일

5. 월요일 화요일 수요일
목요일 금요일 토요일 일요일

6. 봄 여름 가을 겨울

7. 빨 주 노 초 파 남 보

3. 단어 모방 (☞ 과제 실시 방법 p. 24)

1~2음절

1. 물

2. 종

3. 귀

4. 잠

5. 쌀

6. 다리

7. 종이

8. 우유

9. 창문

10. 구름

1. 청바지

2. 베란다

3. 스페인

4. 자장면

5. 경찰서

6. 일석이조

7. 고무장갑

8. 코스모스

9. 동물병원

10. 죽마고우

4. 문장 모방 (☞ 과제 실시 방법 p. 24)

2어절

1. 간이 크다.

2. 노란 바나나

3. 번개가 친다.

4. 눈물을 머금다.

5. 향기로운 냄새

6. 무서운 호랑이

7. 제주도로 떠나자.

8. 부드러운 식빵

9. 약방에 감초

10. 발이 넓다.

1. 고개를 숙인 벼

2. 작별 인사를 했다.

3. 닭똥 같은 눈물

4. 빨갛게 물든 단풍잎

5. 서울에는 칼바람이 분다.

6. 등잔 밑이 어둡다.

7. 집 떠나면 고생이다.

8. 부모님께 드리는 카네이션

9. 기차를 타고 떠났다.

10. 꿈보다 해몽이 좋다.

1. 공자 앞에서 문자를 쓴다.

2. 양심의 가책을 느끼지 않았다.

3. 철수는 영희보다 키가 크다.

4. 달 보고 짖는 개

5. 멀리서 음악 소리가 들렸다.

6. 겉 다르고 속 다르다.

7. 복지관에서 영어 수업을 한다.

8. 사거리에서 교대 방면으로 가십시오.

9. 친구가 귀여운 고양이를 키운다.

10. 동에 번쩍 서에 번쩍

1. 고래 싸움에 새우 등 터진다.

2. 땀이 난 영수가 찬물을 마신다.

3. 파란색 모자와 노란색 바지를 샀다.

4. 모로 가도 서울만 가면 된다.

5. 높고 파란 하늘에 기러기가 날아간다.

6. 사촌이 땅을 사면 배가 아프다.

7. 해수욕장은 많은 인파로 끓고 있었다.

8. 어두운 길에 환한 가로등이 켜졌다.

9. 가판대 위에 사과와 귤이 있다.

10. 아이 싸움이 어른 싸움 된다.

1. 다람쥐 쳇바퀴 돌 듯 반복되는 습관

2. 밤 아홉 시가 넘자 종이 울렸다.

3. 가는 말이 고와야 오는 말이 곱다.

4. 할머니는 밭에 배추, 상추, 깻잎을 심는다.

5. 연필 두 자루와 지우개 한 개

6. 닭 소 보듯, 소 닭 보듯

7. 염불에는 맘이 없고 잿밥에만 맘이 있다.

8. 어머니가 팥죽에 새알을 가득 넣어 끓였다.

9. 스산한 기운이 감돌아 머리카락이 쭈뼛 섰다.

10. 입이 열 개라도 할 말이 없다.

제4장

단어 인출

1. 의미자질 분석
2. 발산적 단어 연상
3. 수렴적 단어 연상
4. 문장 완성
5. 질문 응답
6. 대면 이름대기(문단)
7. 대면 이름대기(명사)
8. 대면 이름대기(동사)
9. 범주화
10. 상위어
11. 단어 유창성
12. 반의어
13. 유의어
14. 음절 조합
15. 단어 퍼즐

과제 실시 방법

1. 의미자질 분석 ☞ pp. 41-50

1. 임상가는 대상자에게 목표 그림을 보여 주고 명칭을 말하도록 합니다. 정반응 및 오반응 항목 모두 의미자질 분석을 실시합니다.
2. 임상가는 대상자에게 목표 그림의 의미자질과 관련된 질문을 하여 대답하도록 합니다.
3. 도표가 완성되면 다시 대상자에게 목표 그림의 명칭을 말하도록 합니다.
4. 대상자가 단어를 인출하지 못할 경우, 임상가는 목표 명칭을 말하고 대상자가 따라 말하도록 합니다.

2. 발산적 단어 연상 ☞ pp. 51-54

1. 임상가는 대상자에게 단어를 들려주고 연상되는 단어를 말하도록 합니다.
   예 '사과'하면 떠오르는 것은?
2. 대상자가 적절한 단어를 연상하지 못할 경우, '의미자질 분석' 과제로 다시 돌아갑니다.

3. 수렴적 단어 연상 ☞ pp. 55-58

1. 임상가는 대상자에게 3개의 단어를 들려주고, 이 단어들과 연상되는 단어를 인출하도록 합니다.
   예 '학교, 책, 메다' 하면 떠오르는 것은 무엇인가요?
2. 대상자가 적절한 단어를 인출하지 못할 경우, 의미 단서를 제시합니다.
   예 학교에 갈 때 책을 넣고 메고 가는 것은 무엇인가요?

4. 문장 완성 ☞ pp. 59–62

1. 임상가는 대상자에게 구어로 제시되는 문장을 완성하도록 합니다.
   예) 제가 읽는 문장 끝에 무슨 말이 들어가면 되는지 채워 넣어 보세요.
   예를 들어, '투수가 공을……' 하면 '던진다'라고 대답하시면 됩니다.
2. 대상자가 문장을 완성하지 못할 경우, 임상가는 보기 단서를 제시합니다.
   예) '던지다'와 '문지르다' 중에서 무엇이 어울리나요?

5. 질문 응답 ☞ pp. 63–65

1. 임상가는 대상자에게 질문을 하고 구어로 대답하도록 합니다.
   예) 겨울에 목에 두르는 것은?
2. 대상자가 단어를 인출하지 못할 경우, 임상가는 의미 단서를 제시합니다.
   예) 겨울에 목을 따뜻하게 하려고 목에 두르는 것이에요.

6. 대면 이름대기(문단) ☞ pp. 66–68

1. 임상가는 대상자에게 그림이 포함된 문단을 제시하고, 문단을 읽으면서 목표 단어를 명명하도록 합니다.
2. 대상자가 단어를 인출하지 못할 경우, 의미 및 음절 단서를 제시합니다.
   예) 남자들이 수염을 깎을 때 사용하는 물건은?
   예) '면'으로 시작하는 단어예요.

7. 대면 이름대기(명사) ☞ pp. 69–73

1. 임상가는 대상자에게 목표 그림을 제시하고 명명하도록 합니다.
2. 대상자가 단어를 인출하지 못할 경우, 의미 및 음절 단서를 제시합니다.
   예) 눈이 나쁠 때 쓰는 것은?
   예) '안'으로 시작하는 단어예요.

8. 대면 이름대기(동사)

☞ pp. 74–78

1. 임상가는 대상자에게 목표 그림을 제시하고 명명하도록 합니다.
2. 대상자가 적절한 단어를 인출하지 못할 경우, 문장완성 단서를 제시합니다.
   예 야구선수가 공을?
3. 대상자가 적절한 단어를 인출하지 못할 경우, 보기 단서를 제시합니다.
   예 '던진다'와 '먹는다' 중에서 무엇이 어울리나요?

9. 범주화

☞ pp. 79–88

1. 임상가는 대상자에게 자료를 제시하고, 여러 단어 중에서 범주에 속하는 것을 모두 찾도록 합니다.
2. 대상자가 범주에 속하는 단어를 찾지 못할 경우, 사실 확인 질문을 하여 대상자가 적절히 판단하도록 합니다.
   예 '우유'가 교통수단인가요?

10. 상위어

☞ pp. 89–92

1. 임상가는 대상자에게 3개의 단어를 제시하고, 이 단어들을 포함할 수 있는 상위어를 말하도록 합니다.
   예 '벌, 거미, 메뚜기'는 모두 무엇에 속하나요?
2. 대상자가 상위어를 떠올리지 못할 경우, 임상가는 '곤충' 범주에 속하는 다른 예시를 제시합니다.
   예 '개미, 잠자리, 매미, 무당벌레, 나비'와 같은 것들은 모두 무엇에 속하나요?

11. 단어 유창성 ☞ pp. 93–105

1. 임상가는 대상자에게 1분 이내에 범주에 속하는 단어들을 가능한 많이 말하도록 합니다.
   예 1분 동안 '과일' 이름을 생각나는 대로 모두 말해 보세요.

2. 대상자가 더 이상 단어를 떠올리지 못할 경우, 임상가는 하위범주를 제시하여 대상자가 더 많은 단어를 떠올릴 수 있도록 합니다.
   예 빨간색 과일에는 무엇이 있나요?

12. 반의어 ☞ pp. 106–120

1. 임상가는 대상자에게 단어를 들려주고 반의어를 말하도록 합니다.
   예 '크다'의 반대말은 무엇인가요?

2. 대상자가 반의어를 떠올리지 못할 경우, 보기 단서를 제시합니다.
   예 '깊다, 뚱뚱하다, 작다' 중에서 '크다'의 반대말은 무엇인가요?

13. 유의어 ☞ pp. 121–135

1. 임상가는 대상자에게 단어를 들려주고 유의어를 말하도록 합니다.
   예 '동일하다'와 비슷한 말은 무엇인가요?

2. 대상자가 유의어를 떠올리지 못할 경우, 보기 단서를 제시합니다.
   예 '똑같다, 상승하다, 쇠퇴하다' 중에서 '대등하다'와 비슷한 말은 무엇인가요?

14. 음절 조합

☞ pp. 136-137

1. 임상가는 대상자에게 자료를 제시하고 음절을 조합하여 뜻이 있는 단어를 만들도록 합니다.
2. 대상자가 단어를 만들지 못할 경우, 임상가는 예시를 제시합니다.
   예 '증 모 망 보 유 무 나 멸 치 납' 중에서 '나'와 '무'를 합치면 '나무'가 됩니다.

15. 단어 퍼즐

☞ pp. 138-149

1. 임상가는 대상자에게 자료를 제시하고 보기의 단어를 단어 퍼즐에서 찾도록 합니다.
2. 대상자가 단어를 찾지 못할 경우, 임상가는 단어 퍼즐에서 목표 단어가 있는 위치를 알려줍니다.

1. 의미자질 분석 (☞ 과제 실시 방법 p. 36)

이것은 무엇에 속하나요?

이것은 무엇을 할 때 사용하나요?

이것으로 어떻게 하나요?

이것은 무엇입니까?

이것의 특징을 말해 보세요.

이것은 어디서 사용하나요?

이것과 연상되는 단어를 말해 보세요.

이것은 무엇에 속하나요?

이것은 무엇을 할 때 사용하나요?

이것으로 어떻게 하나요?

이것은 무엇입니까?

이것의 특징을 말해 보세요.

이것은 어디서 사용하나요?

이것과 연상되는 단어를 말해 보세요.

이것은 무엇에 속하나요?

이것은 무엇을 할 때 사용하나요?

이것으로 어떻게 하나요?

이것은 무엇입니까?

이것의 특징을 말해 보세요.

이것은 어디서 사용하나요?

이것과 연상되는 단어를 말해 보세요.

이것은 무엇에 속하나요?

이것은 무엇을 할 때 사용하나요?

이것으로 어떻게 하나요?

이것은 무엇입니까?

이것의 특징을 말해 보세요.

이것은 어디서 사용하나요?

이것과 연상되는 단어를 말해 보세요.

● 1. 의미자질 분석

이것은 무엇에 속하나요?

이것은 무엇을 할 때 사용하나요?

이것으로 어떻게 하나요?

이것은 무엇입니까?

이것의 특징을 말해 보세요.

이것은 어디서 사용하나요?

이것과 연상되는 단어를 말해 보세요.

이것은 무엇에 속하나요?

이것은 언제 사용하나요?

이것으로 어떻게 하나요?

이것은 무엇입니까?

이것의 특징을 말해 보세요.

이것은 어디서 사용하나요?

이것과 연상되는 단어를 말해 보세요.

이것은 무엇에 속하나요?

이것은 무엇을 낳나요?

이것은 어떻게 우나요?

이것은 무엇입니까?

이것의 특징을 말해 보세요.

이것은 어디서 볼 수 있나요?

이것과 연상되는 단어를 말해 보세요.

이것은 무엇에 속하나요?

이곳에서 무엇을 사나요?

이곳에서 어떻게 하나요?

이것은 무엇입니까?

이곳의 특징을 말해 보세요.

이것은 어디에 있나요?

이것과 연상되는 단어를 말해 보세요.

1. 의미자질 분석

이것은 무엇에 속하나요?

이것은 무엇을 할 때 사용하나요?

이것으로 어떻게 하나요?

이것은 무엇입니까?

이것의 특징을 말해 보세요.

이것은 어디서 사용하나요?

이것과 연상되는 단어를 말해 보세요.

이것은 무엇에 속하나요?

이것은 무엇을 할 때 사용하나요?

이것으로 어떻게 하나요?

이것은 무엇입니까?

이것의 특징을 말해 보세요.

이것은 어디서 사용하나요?

이것과 연상되는 단어를 말해 보세요.

● 1. 의미자질 분석

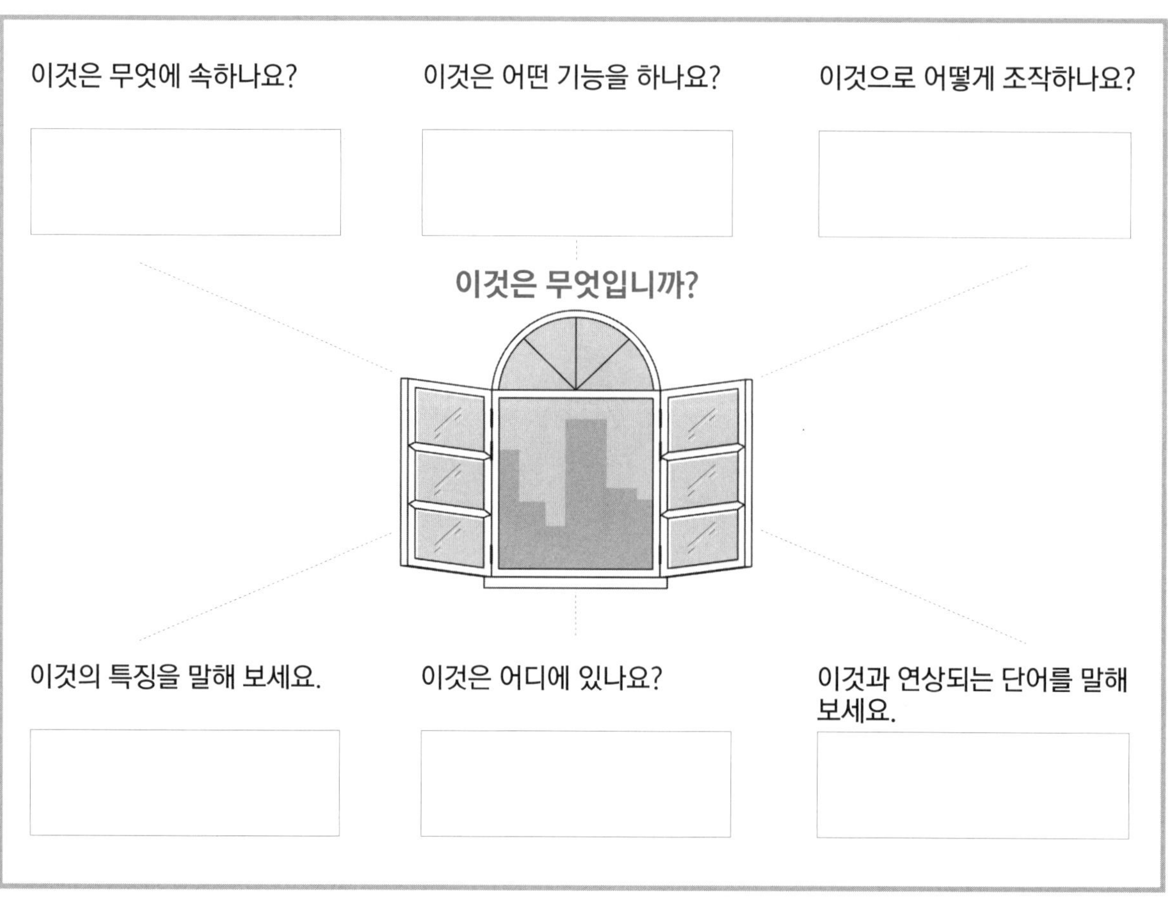
이것은 무엇에 속하나요?
이것은 어떤 기능을 하나요?
이것으로 어떻게 조작하나요?
이것은 무엇입니까?
이것의 특징을 말해 보세요.
이것은 어디에 있나요?
이것과 연상되는 단어를 말해 보세요.

이것은 무엇에 속하나요?

이것은 어떤 기능을 하나요?

이것은 어떻게 작동하나요?

이것은 무엇입니까?

이것의 특징을 말해 보세요.

이것은 어디에 있나요?

이것과 연상되는 단어를 말해 보세요.

1. 의미자질 분석

이것은 무엇에 속하나요?

이것은 어떤 기능을 하나요?

이것으로 어떻게 하나요?

이것은 무엇입니까?

이것의 특징을 말해 보세요.

이것은 어디서 사용하나요?

이것과 연상되는 단어를 말해 보세요.

이것은 무엇에 속하나요?

이것은 어떤 기능을 하나요?

이것으로 어떻게 하나요?

이것은 무엇입니까?

이것의 특징을 말해 보세요.

이것은 어디에 쓰나요?

이것과 연상되는 단어를 말해 보세요.

이것은 무엇에 속하나요?

이것은 어떤 기능을 하나요?

이것으로 어떻게 하나요?

이것은 무엇입니까?

이것의 특징을 말해 보세요.

이것은 어디에 입나요?

이것과 연상되는 단어를 말해 보세요.

이것은 무엇에 속하나요?

이것은 어떤 기능을 하나요?

이것으로 어떻게 하나요?

이것은 무엇입니까?

이것의 특징을 말해 보세요.

이것은 어디에 있나요?

이것과 연상되는 단어를 말해 보세요.

1. 의미자질 분석

이것은 무엇에 속하나요?

이것은 어떤 기능을 하나요?

이것으로 어떻게 하나요?

이것은 무엇입니까?

이것의 특징을 말해 보세요.

이것은 어디서 사용하나요?

이것과 연상되는 단어를 말해 보세요.

이것은 무엇에 속하나요?

이것으로 무엇을 쓰나요?

이것으로 어떻게 하나요?

이것은 무엇입니까?

이것의 특징을 말해 보세요.

이것은 어디에 있나요?

이것과 연상되는 단어를 말해 보세요.

이것은 무엇에 속하나요?

이것은 어떤 기능을 하나요?

이것으로 어떻게 하나요?

이것은 무엇입니까?

이것의 특징을 말해 보세요.

이것은 어디서 사용하나요?

이것과 연상되는 단어를 말해 보세요.

이것은 무엇에 속하나요?

이것은 어떤 기능을 하나요?

이것으로 어떻게 하나요?

이것은 무엇입니까?

이것의 특징을 말해 보세요.

이것은 어디서 사용하나요?

이것과 연상되는 단어를 말해 보세요.

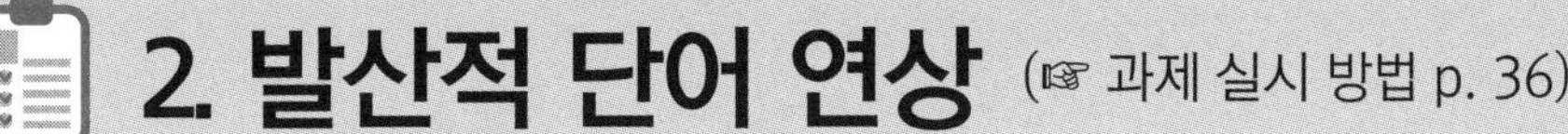

2. 발산적 단어 연상 (☞ 과제 실시 방법 p. 36)

1. '지팡이' 하면 떠오르는 것은?

2. '교무실' 하면 떠오르는 것은?

3. '거북선' 하면 떠오르는 것은?

4. '달력' 하면 떠오르는 것은?

5. '식목일' 하면 떠오르는 것은?

6. '공항' 하면 떠오르는 것은?

7. '도서관' 하면 떠오르는 것은?

8. '출산' 하면 떠오르는 것은?

9. '은행' 하면 떠오르는 것은?

10. '우산' 하면 떠오르는 것은?

11. '군인' 하면 떠오르는 것은?

12. '독재' 하면 떠오르는 것은?

13. '기저귀' 하면 떠오르는 것은?

14. '크리스마스' 하면 떠오르는 것은?

15. '세배' 하면 떠오르는 것은?

16. '생일' 하면 떠오르는 것은?

17. '카페인' 하면 떠오르는 것은?

18. '흡연' 하면 떠오르는 것은?

19. '올림픽' 하면 떠오르는 것은?

20. '주유소' 하면 떠오르는 것은?

21. ‘다이어트’ 하면 떠오르는 것은?

22. ‘카네이션’ 하면 떠오르는 것은?

23. ‘한글’ 하면 떠오르는 것은?

24. ‘고무장갑’ 하면 떠오르는 것은?

25. ‘바늘’ 하면 떠오르는 것은?

26. ‘자판기’ 하면 떠오르는 것은?

27. ‘소화기’ 하면 떠오르는 것은?

28. ‘재판’ 하면 떠오르는 것은?

29. ‘화분’ 하면 떠오르는 것은?

30. ‘육교’ 하면 떠오르는 것은?

31. '해돋이' 하면 떠오르는 것은?

32. '비빔밥' 하면 떠오르는 것은?

33. '에펠탑' 하면 떠오르는 것은?

34. '팝콘' 하면 떠오르는 것은?

35. '미역국' 하면 떠오르는 것은?

36. '스케치북' 하면 떠오르는 것은?

37. '동해' 하면 떠오르는 것은?

38. '턱시도' 하면 떠오르는 것은?

39. '공무원' 하면 떠오르는 것은?

40. '십자가' 하면 떠오르는 것은?

3. 수렴적 단어 연상 (☞ 과제 실시 방법 p. 36)

1.	학교	책	메다	➡	
2.	사서	책	열람실	➡	
3.	떡	매운	분식	➡	
4.	원숭이	길쭉한	노란	➡	
5.	교통수단	바다	선장	➡	
6.	의사	수납	주사	➡	
7.	수도	남산	경복궁	➡	
8.	글자	세종대왕	한국	➡	

9.	가전제품	리모컨	네모	➡	
10.	거품	칫솔	화장실	➡	
11.	지하	대중교통	길다	➡	
12.	동전	버튼	음료수	➡	
13.	평창	4년	금메달	➡	
14.	계산	신용카드	종이	➡	
15.	장마	폭염	에어컨	➡	
16.	구름	파란	높은	➡	

17. 닭 | 보양식 | 복날 ➡ ☐

18. 포장하다 | 생일 | 주다 ➡ ☐

19. 한라산 | 돌하르방 | 현무암 ➡ ☐

20. 약사 | 처방전 | 약 ➡ ☐

21. 사건 | 사고 | 앵커 ➡ ☐

22. 배추 | 고춧가루 | 겨울 ➡ ☐

23. 설날 | 가래떡 | 국 ➡ ☐

24. 미용사 | 커트 | 파마 ➡ ☐

25.	학교	수업	가르치다	➡	
26.	빨래	세제	전자제품	➡	
27.	숟가락	반찬	집다	➡	
28.	생일	빵	촛불	➡	
29.	동물	용맹한	줄무늬	➡	
30.	한국	전통의상	단아한	➡	
31.	팥죽	겨울	귀신	➡	
32.	바늘	미끼	바다	➡	

4. 문장 완성 (☞ 과제 실시 방법 p. 37)

1. 소 잃고 ________ ________.

2. 하늘이 무너져도 ________ ________ ________.

3. 가는 말이 고와야 ________ ________ ________.

4. 낫 놓고 ________ ________.

5. 구슬이 서 말이라도 ________ ________.

6. 금강산도 ________.

7. 작은 고추가 ________.

8. 뛰는 놈 위에 ________ ________ ________.

9. 빈 수레가 ________.

10. 고래 싸움에 ________ ________ ________.

1. 투수가 공을 ______________. (던지다 / 문지르다)

2. 상처에 연고를 ______________. (지우다 / 바르다)

3. 풍선을 크게 ______________. (불다 / 터트리다)

4. 수건으로 얼굴을 ______________. (부르다 / 닦다)

5. 공책에 글씨를 ______________. (쓰다 / 감상하다)

6. 우는 아이를 ______________. (들다 / 달래다)

7. 식목일에 나무를 ______________. (뽑다 / 심다)

8. 드라이기로 머리를 ______________. (말리다 / 바르다)

9. 지우개로 글씨를 ______________. (지우다 / 누르다)

10. 가위로 종이를 ______________. (자르다 / 펴다)

11. 선생님이 학생을 ______________. (가르치다 / 적다)

12. 수레를 뒤에서 ______________. (밀다 / 신다)

13. 추워서 외투를 ______________. (걸치다 / 뱉다)

14. 음식을 배불리 ______________. (있다 / 먹다)

15. 손을 깨끗이 ______________. (씻다 / 재다)

16. 더워서 창문을 ______________. (찍다 / 열다)

17. 숯불에 고기를 ______________. (굽다 / 담다)

18. 자판기 버튼을 ______________. (긁다 / 누르다)

19. 옷을 바늘로 ______________. (꿰뚫다 / 꿰매다)

20. 목청껏 소리를 ______________. (지르다 / 내키다)

21. 겹겹이 옷을 ______________. (껴입다 / 교환하다)

22. 경찰이 범인을 ______________. (발포하다 / 체포하다)

23. 식빵에 곰팡이가 ______________. (피다 / 부리다)

24. 안도의 한숨을 ______________. (스치다 / 내쉬다)

25. 중대한 실수를 ______________. (저지르다 / 재다)

26. 밭에 모종을 ______________. (치다 / 심다)

27. 차림표를 보고 음식을 ______________. (밟다 / 주문하다)

28. 트럭에서 짐을 ______________. (내리다 / 끌리다)

29. 우체국에서 택배를 ______________. (삭제하다 / 보내다)

30. 아이가 연을 ______________. (줍다 / 날리다)

5. 질문 응답 (☞ 과제 실시 방법 p. 37)

1. 비가 올 때 쓰는 것은?

2. 학교에 갈 때 메고 가는 것은?

3. 겨울에 목에 두르는 것은?

4. 햇빛을 막기 위해 머리에 쓰는 것은?

5. 열을 잴 때 사용하는 것은?

6. 불이 났을 때 출동하는 사람은?

7. 노래를 들을 때 귀에 끼우는 것은?

8. 먼지를 빨아들이는 전자제품은?

9. 배가 아플 때 가는 곳은?

10. 종이를 자를 때 필요한 것은?

11. 옷을 꿰맬 때 실과 함께 사용하는 것은?

12. 생일 때 먹는 국은?

13. 시력이 나쁠 때 쓰는 것은?

14. 오토바이를 탈 때 머리에 쓰는 것은?

15. 잠잘 때 덮고 자는 것은?

16. 오래된 유물을 보관하여 전시해 놓은 곳은?

17. 설날에 먹는 국은?

18. 세계의 축구 선수들이 4년마다 출전하는 경기는?

19. 세계에서 인구가 가장 많은 나라는?

20. 인간이 살고 있는 행성은?

21. 추석에 먹는 떡은?

22. 음식을 차갑게 보관할 수 있는 전자제품은?

23. 세종대왕이 만든 우리나라 글자는?

24. 겉은 초록색이고 속은 빨간색인 과일은?

25. 세수하고 얼굴에 바르는 것은?

26. 위층으로 올라갈 때 타는 것은?

27. 방을 밝게 해 주는 것은?

28. 오렌지에 풍부한 영양소는?

29. 책을 대여해 주는 곳은?

30. 이가 아플 때 가는 곳은?

6. 대면 이름대기 (☞ 과제 실시 방법 p. 37)

문단

1. 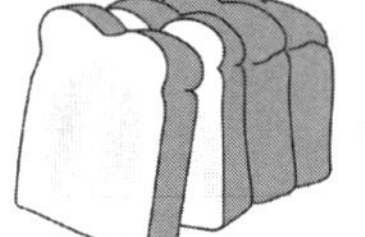 을 사서  으로 갔다.

 께서 나를 반겨 주셨다.

뒤이어  도 따라 나왔다.

나는 현관에 가지런히  을 벗고 들어갔다.

2. 깜짝 놀라  에서 깼다.

 를 확인하니 벌써 9시였다.

서둘러 씻고  을 갈아입었다.

그리고  으로 

를 예약했다.

 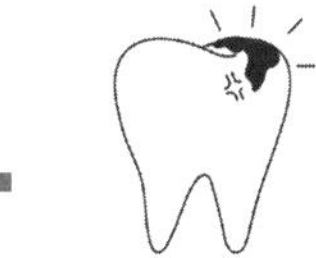 가 썩어서 치과에 갔다.

 가 나를 진료실로 안내했다.

나는 의자에 앉은 뒤  을 벗었다.

그때  가 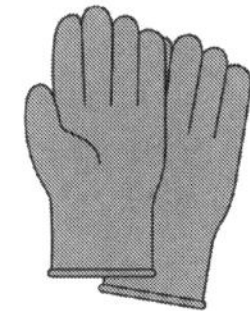 을 끼고 들어왔다.

4. 우편을 보내려고  를 타고 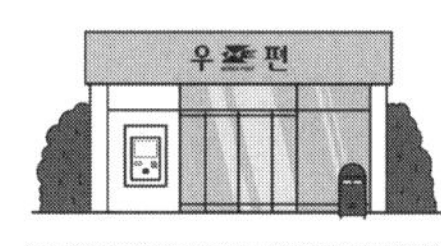 에 갔다.

번호표를 뽑고 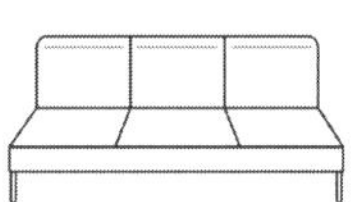 에 앉아서 순서를 기다렸다.

순서가 되어서 창구로 갔다.

 에서  을 꺼내 요금을 지불했다.

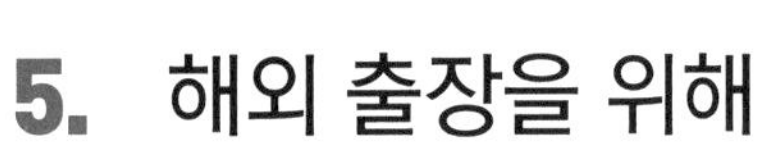

5. 해외 출장을 위해 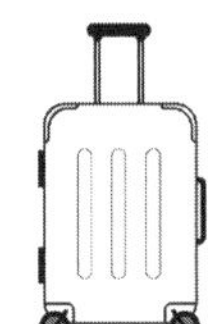 에 짐을 꾸렸다.

 와 도 챙겼다.

그리고 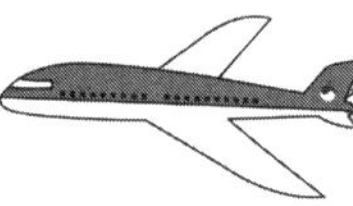 를 타러 공항으로 향했다.

탑승 수속을 하려고 보니  이 없었다.

6.   가  아래에서 낮잠을 자고 있었다.

그때  가 날아와 잠을 깨웠다.

숲속에  이 났으니 얼른 달아나라고 했다.

이윽고 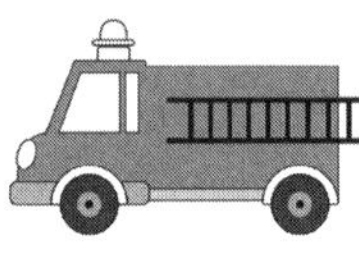 소리가 들려왔다.

7. 대면 이름대기

(☞ 과제 실시 방법 p. 37)

명사

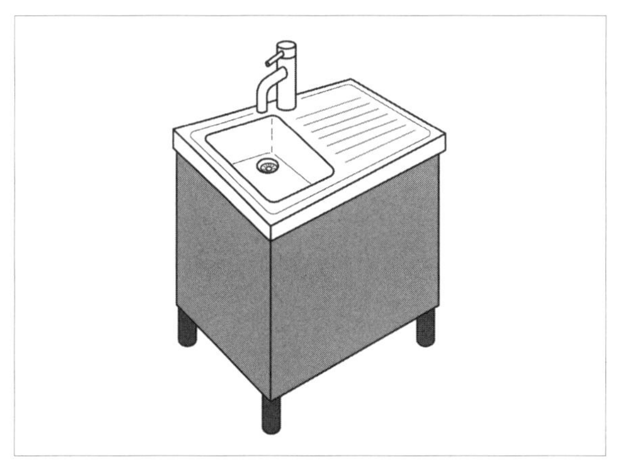

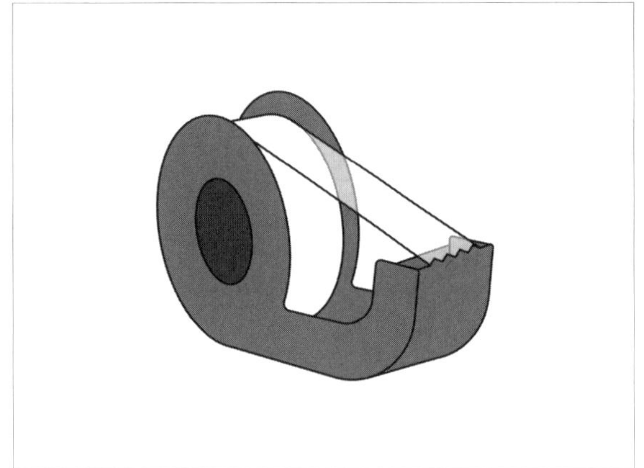

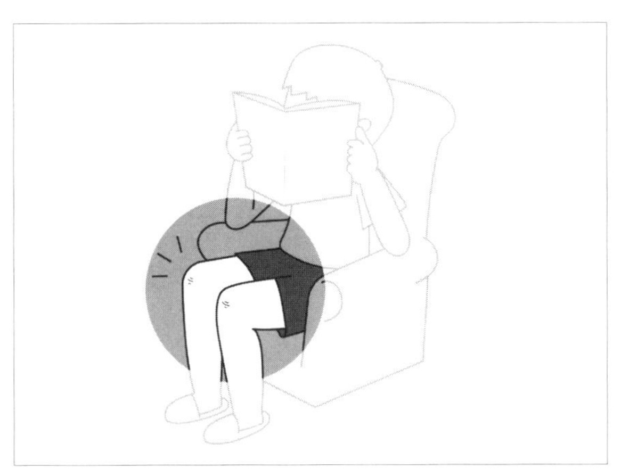

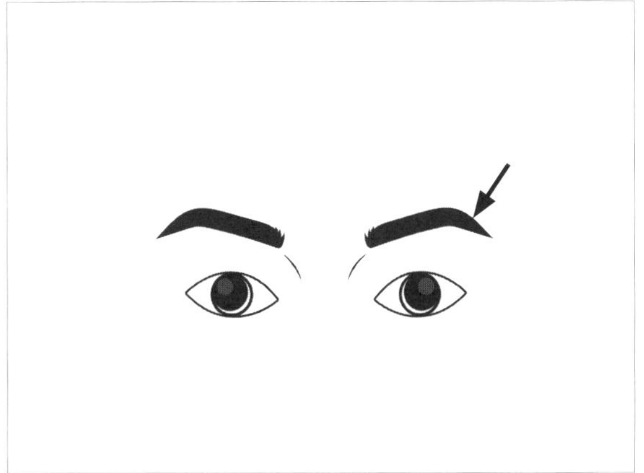

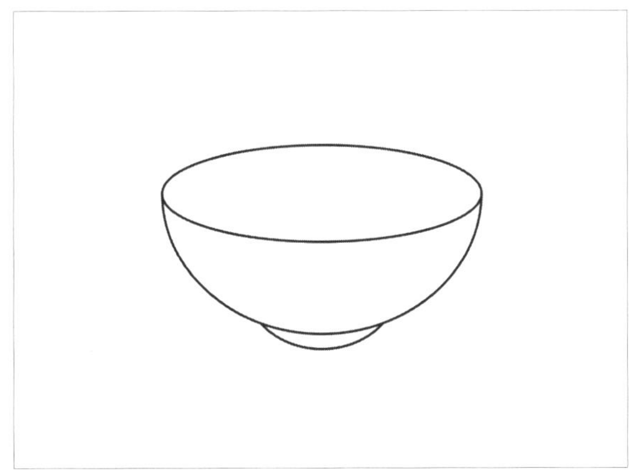

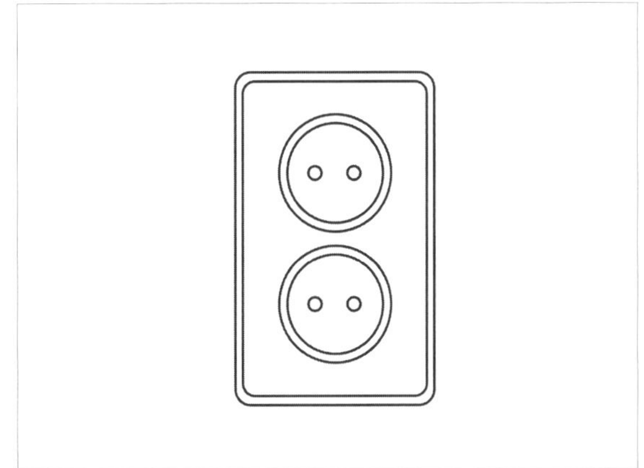

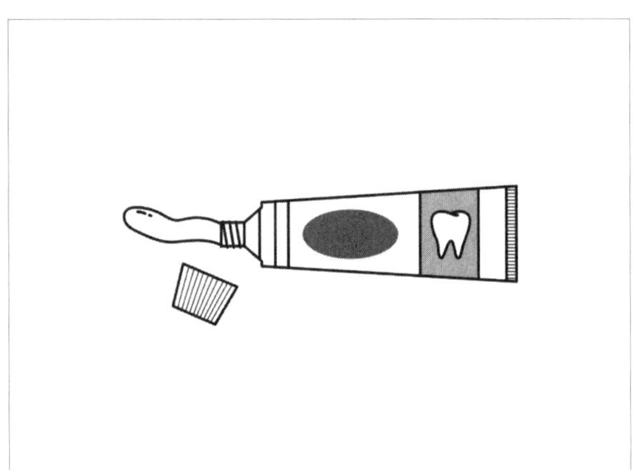

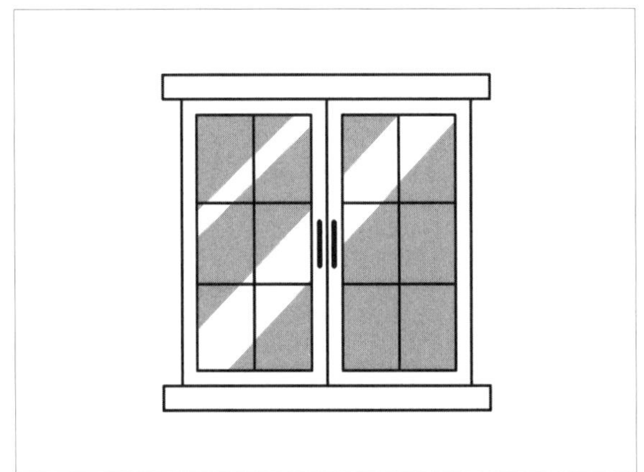

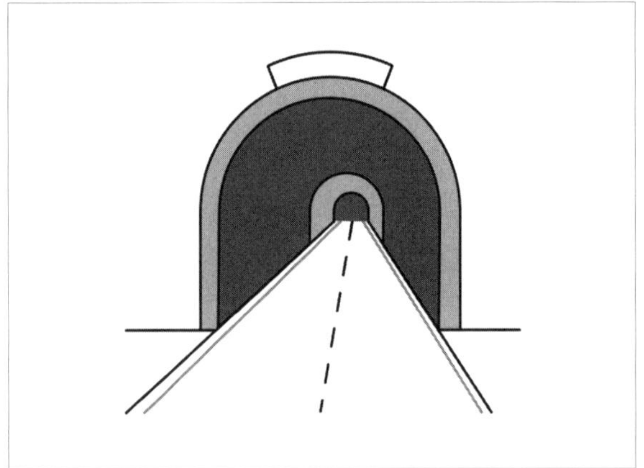

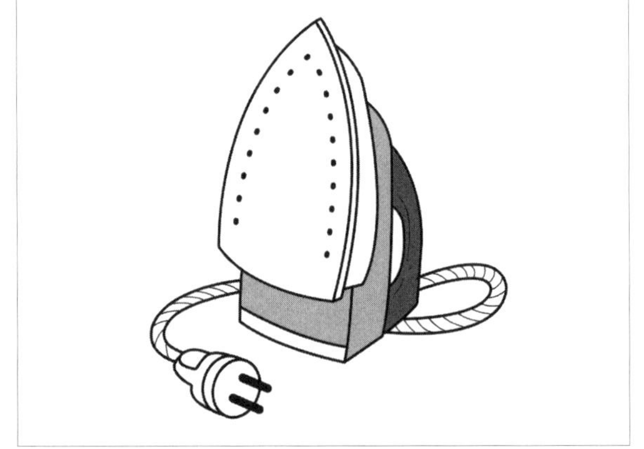

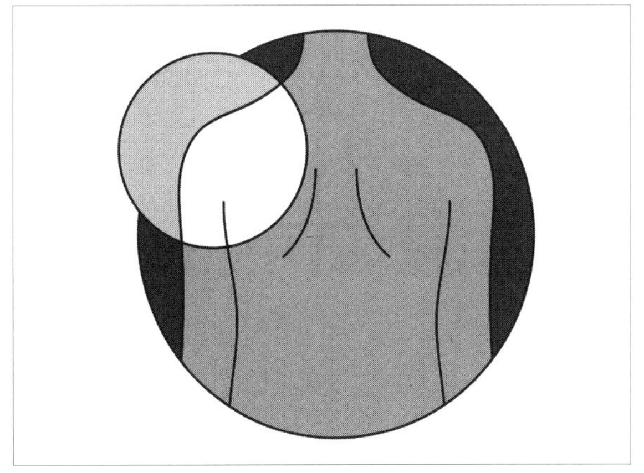

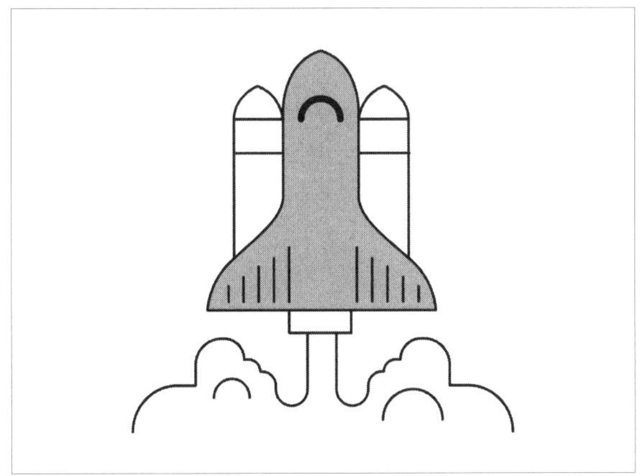

8. 대면 이름대기 (☞ 과제 실시 방법 p. 38)

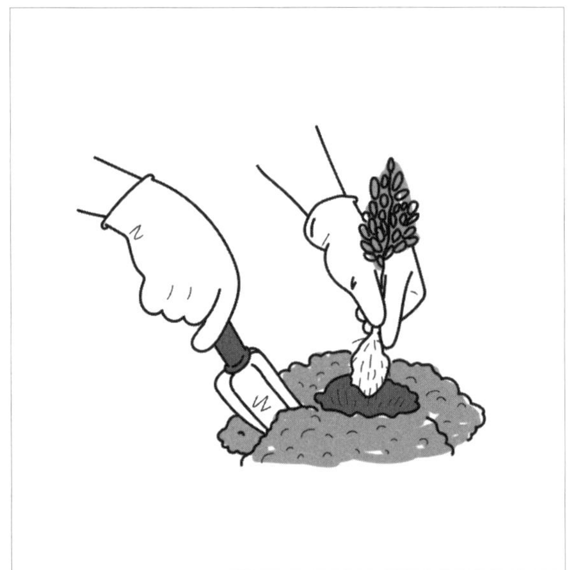

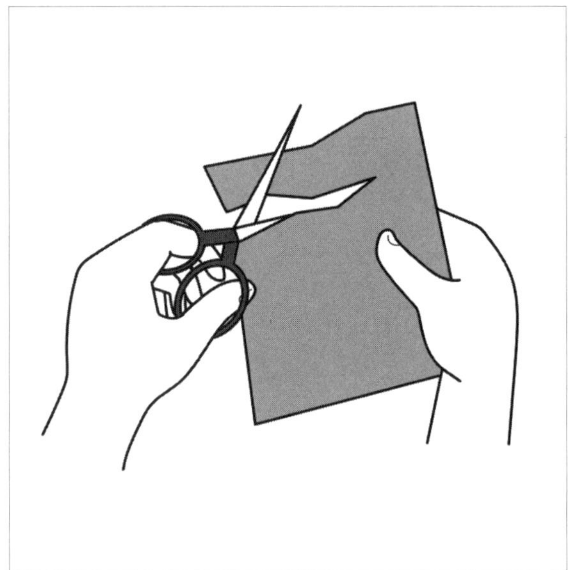

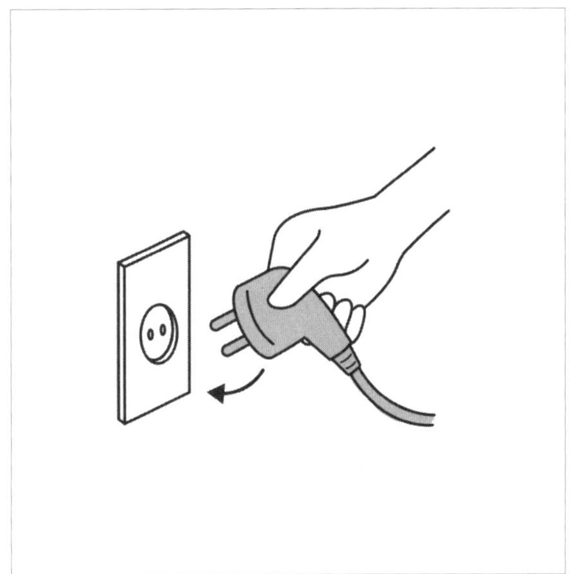

9. 범주화 (☞ 과제 실시 방법 p. 38)

'교통수단'을 모두 찾아보세요.

지하철	우유
색연필	트럭
상어	자두
택시	침대
결혼	오토바이

'가구'를 모두 찾아보세요.

침대	빨대
머리	식탁
볼펜	책상
병아리	가방
소파	시계

'음식'을 모두 찾아보세요.

양말	목걸이
깍두기	바퀴
돈	불고기
거울	냉면
떡국	손가락

나물은 동그라미(○), 문구류는 세모(△)로 표시하세요.

연필	시금치	도마
참새	사인펜	볼펜
콩나물	러시아	쑥
자	고사리	장미
미나리	로션	지우개

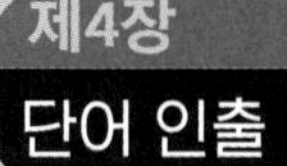

채소는 동그라미(○), 곤충은 세모(△)로 표시하세요.

돼지	파	브로콜리
나비	화장실	메뚜기
깻잎	개미	친구
싱크대	버섯	벌
피망	농구	무당벌레

공구는 동그라미(○), 의류는 세모(△)로 표시하세요.

양말	망치	펜치
콜라	잠바	연두색
드라이버	무릎	청바지
소나무	오빠	대패
원피스	송곳	와이셔츠

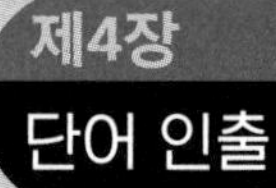

다음 단어를 범주별로 나누어 보세요.

고등어	잠바	프랑스	연어	사과
미국	딸기	치마	한국	조끼
감	모자	갈치	청바지	포도
일본	멸치	바나나	필리핀	메기

1. 의류

2. 과일

3. 나라

4. 어류

다음 단어를 범주별로 나누어 보세요.

집배원	김치	냉장고	부산	김밥
대구	선풍기	의사	생선조림	건조기
라면	서울	커피포트	건축가	변호사
배우	햄버거	로마	청소기	파리

1. 직업

2. 음식

3. 가전제품

4. 도시

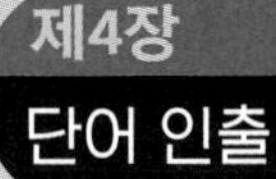

다음 단어를 범주별로 나누어 보세요.

배추	파리	브로콜리	코	축구
농구	허벅지	피망	모기	어깨
잠자리	이마	핸드볼	양파	수영
고추	태권도	사슴벌레	팔	나비

1. 스포츠

2. 채소

3. 곤충

4. 신체 부위

다음 단어를 범주별로 나누어 보세요.

드라이버	배	소나무	연필	전동드릴
밤나무	각도기	지하철	송곳	공책
트럭	니퍼	형광펜	기차	벚나무
자	야자수	망치	대나무	승용차

1. 공구

2. 나무

3. 교통수단

4. 문구

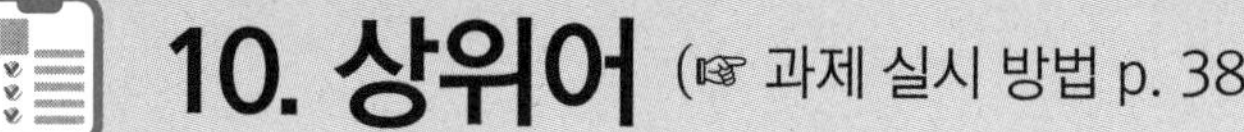

10. 상위어 (☞ 과제 실시 방법 p. 38)

1.	미국	이탈리아	일본	➡
2.	추석	설날	단오	➡
3.	재즈	클래식	동요	➡
4.	유재석	이경규	박나래	➡
5.	장화	슬리퍼	운동화	➡
6.	무궁화	튤립	장미	➡
7.	대접	종지	접시	➡
8.	목도리	코트	털모자	➡

9. 수학	과학	영어	➡	
10. 개신교	불교	천주교	➡	
11. 대나무	소나무	느티나무	➡	
12. 지우개	볼펜	샤프	➡	
13. 세종	태조	정조	➡	
14. 트럼펫	드럼	바이올린	➡	
15. 오바마	문재인	클린턴	➡	
16. 소설	수필	시	➡	

17. 고사리	도라지	쑥갓	➡	
18. 귀걸이	팔찌	목걸이	➡	
19. 벌	거미	메뚜기	➡	
20. 축구	야구	수영	➡	
21. 현대	벤츠	볼보	➡	
22. 유람선	어선	유조선	➡	
23. 세탁기	냉장고	에어컨	➡	
24. 달러	유로	원	➡	

25. 하마 호랑이 기린 ➡ [ ]

26. 상추 오이 가지 ➡ [ ]

27. 발가락 손 이마 ➡ [ ]

28. 우체국 경찰서 시청 ➡ [ ]

29. 우유 주스 커피 ➡ [ ]

30. 택시 기차 지하철 ➡ [ ]

31. 탄수화물 단백질 칼슘 ➡ [ ]

32. 수성 금성 토성 ➡ [ ]

11. 단어 유창성 (☞ 과제 실시 방법 p. 39)

일반범주

범주	반응
1. 과일	
2. 가구	
3. 채소	
4. 교통수단	
5. 가전제품	
6. 스포츠	

범주	반응
7. 의류	
8. 나라	
9. 주방용품	
10. 음식	
11. 꽃	
12. 문구류	

범주	반응
13. 조류	
14. 어류	
15. 곤충	
16. 직업	
17. 나무	
18. 나물	

범주	반응
19. 네 발 짐승	
20. 도시	
21. 공구	
22. 색깔	
23. 신체 부위	
24. 악기	

범주	반응
25. 음료	
26. 가족 명칭	
27. 공휴일	
28. 관공서	
29. 지하철역	
30. 조미료	

범주	반응
1. 나무로 만든 것	
2. '여름' 하면 생각나는 것	
3. 네모난 것	
4. 뾰족한 것	
5. 하늘에서 볼 수 있는 것	
6. 냉장고에 넣을 수 있는 것	

범주	반응
7. 매운맛이 나는 음식	
8. 청소할 때 필요한 물건	
9. 아기에게 필요한 물건	
10. 마실 수 있는 것	
11. 차가운 것	
12. 김장할 때 필요한 것	

범주	반응
13. 휴대폰의 기능	
14. '대한민국' 하면 떠오르는 것	
15. 김치찌개 재료	
16. 펼칠 수 있는 것	
17. 숫자가 쓰여 있는 물건	
18. 발에 신는 것	

범주	반응
19. 전래동화 종류	
20. 여행 갈 때 필요한 것	
21. 감정의 종류	
22. 불에 타는 것	
23. 흐르는 것	
24. 겨울에 할 수 있는 활동	

범주	반응
25. 물에 녹는 것	
26. 소리를 내는 물건	
27. 미용실에서 사용하는 물건	
28. 더울 때 먹는 음식	
29. 충전이 필요한 물건	
30. 재활용할 수 있는 물건	

범주	반응
ㄱ	
ㄴ	
ㄷ	
ㄹ	
ㅁ	
ㅂ	
ㅅ	
ㅇ	
ㅈ	
ㅊ	

범주	반응
ㅋ	
ㅌ	
ㅍ	
ㅎ	
ㄲ	
ㄸ	
ㅃ	
ㅆ	
ㅉ	
ㅏ	

범주	반응
ㅅ ㅇ	
ㄴ ㄹ	
ㄷ ㅂ	
ㅎ ㅁ	
ㄱ ㅅ	
ㅂ ㄷ	
ㅈ ㄹ	
ㅁ ㅇ	
ㅁ ㅈ	
ㅍ ㅂ	

12. 반의어 (☞ 과제 실시 방법 p. 39)

1.	똑같다	- 공정하다	다르다	잘나다
2.	마르다	- 똑똑하다	크다	뚱뚱하다
3.	삼키다	- 뱉다	뚫다	지우다
4.	강하다	- 꺾다	굳세다	약하다
5.	헤어지다	- 주문하다	헤매다	만나다
6.	탁하다	- 더럽다	부정하다	맑다
7.	틀리다	- 맞다	담그다	무수하다
8.	맛있다	- 고프다	맛없다	맞다
9.	멀리	- 까마득하다	가까이	나날이
10.	모르다	- 낯설다	깜깜하다	알다

11.	충분	- 해체	부족	칭송
12.	유료	- 수익	무료	이익
13.	바깥	- 노천	밑바탕	안
14.	밀다	- 당기다	내밀다	밀어붙이다
15.	반대	- 찬성	이의	차례
16.	던지다	- 주다	받다	칠하다
17.	낮	- 아침	밤	미끼
18.	방학	- 방면	내방	개학
19.	입다	- 마련하다	벗다	파기하다
20.	하늘	- 공중	천국	땅

21. 게으르다 - 회부하다 부지런하다 읊다

22. 남쪽 - 북쪽 동쪽 오른쪽

23. 불편하다 - 불평하다 편리하다 교합하다

24. 싸다 - 비싸다 잽싸다 저렴하다

25. 늘어나다 - 크다 줄다 당기다

26. 사랑 - 친애 미움 위인

27. 허위 - 사실 가공 이용

28. 죽다 - 벗기다 치대다 살다

29. 생기다 - 간택하다 사라지다 내키다

30. 분주하다 - 호화롭다 한가하다 쉽다

31. 넓다 - 크다 낮다 좁다

32. 뚜렷하다 - 감다 희미하다 차갑다

33. 마지막 - 처음 초청 방문

34. 켜다 - 끄다 일으키다 가꾸다

35. 상승 - 변수 상처 하강

36. 어긋나다 - 지키다 들어맞다 대단하다

37. 간략하다 - 간단하다 복잡하다 아우르다

38. 직접 - 진짜 시간 간접

39. 진하다 - 연하다 떨리다 늘어지다

40. 소박하다 - 높다 어렵다 화려하다

1. ‘선배’의 반대말은?

2. ‘실패’의 반대말은?

3. ‘후문’의 반대말은?

4. ‘연결’의 반대말은?

5. ‘넘어뜨리다’의 반대말은?

6. ‘거짓말’의 반대말은?

7. ‘건강하다’의 반대말은?

8. ‘멀다’의 반대말은?

9. ‘항상’의 반대말은?

10. ‘하계’의 반대말은?

11. '무겁다'의 반대말은?

12. '깊다'의 반대말은?

13. '부정'의 반대말은?

14. '뜨다'의 반대말은?

15. '이륙하다'의 반대말은?

16. '결혼하다'의 반대말은?

17. '계속하다'의 반대말은?

18. '내부'의 반대말은?

19. '국내'의 반대말은?

20. '굵다'의 반대말은?

21. '결석'의 반대말은?

22. '슬프다'의 반대말은?

23. '싣다'의 반대말은?

24. '춥다'의 반대말은?

25. '아름답다'의 반대말은?

26. '일어서다'의 반대말은?

27. '양력'의 반대말은?

28. '약하다'의 반대말은?

29. '두껍다'의 반대말은?

30. '무시'의 반대말은?

31. '녹다'의 반대말은?

32. '오르다'의 반대말은?

33. '웃다'의 반대말은?

34. '지다'의 반대말은?

35. '빠르다'의 반대말은?

36. '퇴원'의 반대말은?

37. '입학'의 반대말은?

38. '크다'의 반대말은?

39. '개인'의 반대말은?

40. '펴다'의 반대말은?

1. 건강을 위해서 **규칙**적인 생활을 한다.

조례　　불규칙　　원칙

2. 개인적인 사정으로 일을 **그만두었다**.

계속했다　　차단했다　　원칙

3. 몇 년 전부터 실내흡연은 **금지**되었다.

제한　　해소　　허용

4. **슬플 때**는 저녁노을을 바라본다.

괴로울 때　　기쁠 때　　미울 때

5. 드라마를 보느라 시간을 **망각**하고 있었다.

기억　　척도　　가능성

6. 면접관을 마주하자 **긴장**이 되었다.

심도　　이완　　처음

7. 밤하늘이 **까맣다**.

하얗다　　파내다　　빛나다

8. 알람이 울려서 **깼다**.

기상했다　　잤다　　덜었다

9. 서랍에서 볼펜을 **꺼냈다**.

눌렀다　　돌아갔다　　집어넣었다

10. 밤새 **꿈**을 꿨다.

현실　　희망　　화원

11. 두 개의 점을 **잇다**.

끊다　　계속하다　　소등하다

12. 학생들에게 수업 자료를 **나눠 주었다**.

쪼갰다　　진전했다　　모았다

13. 지수는 **날씬한** 편이다.

차가운 빠른 뚱뚱한

14. 먹을 식량이 **부족하다**.

전하다 충분하다 모자라다

15. 롯데타워는 63빌딩보다 **높다**.

길다 낮다 두껍다

16. 아버지는 **농담**을 자주 하신다.

진담 강요 수수께끼

17. 경찰이 마침내 도둑을 **붙잡았다**.

헛돌았다 경악했다 놓쳤다

18. 동생은 **단** 음식을 좋아한다.

쓴 거친 신

19. 이직을 위해서 **도시**로 이사갔다.

약속 도회 시골

20. 시험장에 일찍 **도착했다**.

출발했다 경청했다 올렸다

21. 아침 일찍 **등산**을 시작했다.

하산 등반 포위

22. 우리는 **따로** 비행기를 타야 했다.

도중 같이 홀로

23. 문화는 더욱 **개방적**으로 바뀌었다.

자유적 폐쇄적 개별적

24. **처음**으로 몸무게 감량에 성공했다.

결산 서류 마지막

25. 나는 그를 **경멸**하는 눈초리로 쳐다봤다.

경악 비하 존경

26. 혼란한 상황 속에서 **침착**하게 움직였다.

분주 무시 경솔

27. 중고 시장에서 자동차를 **고가**에 팔았다.

헐값 고기압 신분

28. 그녀의 말투는 **고상**하여 모두가 주목했다.

자라다 상스럽다 고사하다

29. 교통사고는 **고의**로 발생하였다고 고백했다.

고조 자의 과실

30. 도화지에 **곡선**을 그렸다.

골머리 네모 직선

31. 모두가 **공평**한 세상에서 살기를 바란다.

공포 불공평 과감히

32. 동생의 장난감을 **빼앗았다**.

주다 버리다 기부하다

33. 우리 선생님은 항상 **겸손하다**.

맞서다 베풀다 교만하다

34. 연예인들은 **본명**을 사용하지 않는 추세이다.

이름 가명 부과

35. 수도권에 인구가 **집중**되는 것에 주목했다.

분산 중심 비상

36. 6인 가족이 살기에 이곳은 너무 **비좁다**.

빈약하다 비웃다 넓다

37. 약속을 **지키면** 고민해 보겠다.

유지하다　　어기다　　작성하다

38. 맹세는 **자신**에게 솔직하게 해야 합니다.

친구　　스스로　　타인

39. 숙제를 **잘해서** 선생님께 칭찬을 받았다.

능숙하다　　못하다　　알아내다

40. **적막한** 분위기에 사람들은 긴장했다.

소란스럽다　　고단하다　　증정하다

41. 점점 파도가 **세졌다**.

부드럽다　　약하다　　흔하다

42. 결혼식을 **비공개**로 진행하겠다고 발표했다.

공개　　소문　　제약

13. 유의어 (☞ 과제 실시 방법 p. 39)

	제시어			
1.	긴급하다	- 긴박하다	상승하다	쇠퇴하다
2.	창피하다	- 차갑다	부끄럽다	감다
3.	마당	- 식당	고을	정원
4.	제조하다	- 적다	무수하다	만들다
5.	일치하다	- 틀리다	허물다	동일하다
6.	대단히	- 굉장히	그다지	별로
7.	매정하다	- 마시다	삼키다	가혹하다
8.	중단하다	- 중지하다	자라다	퍼뜨리다
9.	체격	- 목표	체구	취지
10.	묻다	- 질문하다	대답하다	중대하다

11.	식구	- 친구	교회	가족
12.	가리키다	- 배우다	오다	지적하다
13.	보상하다	- 상이하다	변상하다	단단하다
14.	맞은편	- 구조물	행보	건너편
15.	검토	- 점검	승낙	의뢰
16.	장소	- 약속	위치	방향
17.	주문하다	- 기부하다	요청하다	스미다
18.	차례	- 순서	창호	차량
19.	쉬다	- 싱싱하다	만만하다	휴양하다
20.	취소	- 성의	흡족	철회

21.	줄이다	- 얻다	축소하다	모으다
22.	수업	- 과제	강의	번영
23.	잊다	- 고용하다	까먹다	썰다
24.	자르다	- 성장하다	가라앉다	끊다
25.	잠깐	- 연회	잠시	해방
26.	어리다	- 딱하다	앳되다	섞이다
27.	바닷가	- 미인	어선	해변
28.	슬픔	- 애통	관습	홀로
29.	착하다	- 천천히	편하다	상냥하다
30.	파란색	- 노랑	청색	안녕

31. 키우다 - 오르다 장담하다 양육하다

32. 교사 - 선생님 자몽 조모

33. 단란하다 - 마련하다 화목하다 틀리다

34. 적다 - 보내다 잠기다 기재하다

35. 좋아하다 - 청구하다 사랑하다 만들다

36. 나무라다 - 다양하다 조잡하다 혼내다

37. 논란 - 회의 논쟁 동의

38. 가엾다 - 가지런하다 세우다 불쌍하다

39. 토양 - 구청 고속버스 흙

40. 관망하다 - 정산하다 지켜보다 아름답다

1. '성과'와 비슷한 말은?

2. '풍경'과 비슷한 말은?

3. '달걀'과 비슷한 말은?

4. '연속'과 비슷한 말은?

5. '무상'과 비슷한 말은?

6. '고민'과 비슷한 말은?

7. '흥미'와 비슷한 말은?

8. '지도하다'와 비슷한 말은?

9. '위기'와 비슷한 말은?

10. '관람하다'와 비슷한 말은?

11. '식기'와 비슷한 말은?

12. '하지만'과 비슷한 말은?

13. '중단하다'와 비슷한 말은?

14. '문자'와 비슷한 말은?

15. '즐겁다'와 비슷한 말은?

16. '기다랗다'와 비슷한 말은?

17. '아내'와 비슷한 말은?

18. '약하다'와 비슷한 말은?

19. '외롭다'와 비슷한 말은?

20. '찬물'과 비슷한 말은?

21. '취직'과 비슷한 말은?

22. '때리다'와 비슷한 말은?

23. '나른하다'와 비슷한 말은?

24. '헤어지다'와 비슷한 말은?

25. '분노'와 비슷한 말은?

26. '죄송하다'와 비슷한 말은?

27. '지루하다'와 비슷한 말은?

28. '튼튼하다'와 비슷한 말은?

29. '현재'와 비슷한 말은?

30. '끼니'와 비슷한 말은?

31. ‘훌륭하다’와 비슷한 말은?

32. ‘배신’과 비슷한 말은?

33. ‘보상금’과 비슷한 말은?

34. ‘습관’과 비슷한 말은?

35. ‘햇빛’과 비슷한 말은?

36. ‘돈독하다’와 비슷한 말은?

37. ‘늠름하다’와 비슷한 말은?

38. ‘냉혹하다’와 비슷한 말은?

39. ‘청결하다’와 비슷한 말은?

40. ‘배분하다’와 비슷한 말은?

1. 재정의 어려움으로 고용 인원 수를 **삭감했다**.

줄였다　　종료했다　　떨어졌다

2. 친구가 선물한 튤립을 **화병**에 꽂았다.

컵　　나무　　꽃병

3. 공사가 **마감** 단계에 있다.

종료　　일정　　트럭

4. 올해 판매 실적이 **형편없다**.

나쁘다　　가늘다　　제하다

5. 옆집 할아버지의 선행에 사람들은 **감동했다**.

탁월했다　　머금었다　　감격했다

6. **연령**에 따라 입장료가 약간씩 차이가 있다.

크기　　나이　　학년

7. 자정이 지나서 보고서 작성을 **완료했다**.

끝냈다 내놓았다 줄였다

8. 빙판길을 걷다가 **엎어졌다**.

깨졌다 건넜다 넘어졌다

9. 동생은 학업에 **매진했다**.

열중했다 아연실색했다 납부했다

10. 스승은 제자에게 기술을 **전승했다**.

전수했다 귀결시켰다 갔다

11. 이번 사고에서 **생존한** 사람은 한 명도 없다.

떨어진 악독한 살아남은

12. 그들은 30년 동안 **친하게** 지내왔다.

별나게 안락하게 막역하게

13. 일이 돌아가는 **낌새가** 심상치 않다.

분위기 의욕 결승

14. 하루 종일 집에서 **빈둥거렸다**.

잤다 인식했다 놀았다

15. 유재석은 예능에서 **유머**로 시청자들을 웃긴다.

취향 개그 사랑

16. 상황에 적절한 **어휘**를 사용해야 한다.

단어 국어 화술

17. 사람 사는 모습은 어딜 가든 **비슷하다**.

우둔하다 유사하다 흐릿하다

18. 사무실에만 있으려니 **갑갑하다**.

남다르다 매스껍다 답답하다

19. 아직 **회답**을 받지 못했다.

답장 　 회의 　 결제

20. **후텁지근한** 열대야가 계속되고 있다.

무더운 　 포근한 　 침침한

21. 융자받은 주택 자금을 모두 **상환했다**.

검토했다 　 걱정했다 　 갚았다

22. 반나절 동안 강의를 **경청했다**.

제출했다 　 지웠다 　 들었다

23. 이 작품은 값을 매길 수 없을 만큼 **귀하다**.

값지다 　 흔하다 　 허비하다

24. **빨래**를 건조대에 널었다.

세탁물 　 세탁기 　 옷걸이

25. 마침내 목표를 **성취했다**.

달성했다　　이룩했다　　그렸다

26. 지하철역까지 **보도**로 걸어갔다.

송별　　도로　　인도

27. 업무가 많아서 종일 **고단했다**.

즐거웠다　　노곤했다　　나지막했다

28. 갑자기 자리에서 일어섰더니 **뒤통수**가 당겼다.

이마　　뒷골　　당혹

29. 친구와 **자주** 한강에서 달리기를 한다.

수시로　　매우　　자꾸만

30. 법대로 진행하는 것은 **옳다**.

추키다　　합당하다　　암기하다

31. 매년 물가가 가파르게 **상승하고** 있다.

오르다 바르다 반반하다

32. **어른**도 어휘 공부가 필요하다.

아이 성인 소아

33. 아저씨가 대형 트럭에 짐을 **실었다**.

실수했다 적재했다 쌀쌀했다

34. 주말에 할 일이 없어서 **무료했다**.

싸웠다 흥미로웠다 심심했다

35. 햇빛이 강해서 모자를 **썼다**.

착용했다 벗었다 구입했다

36. 과식을 했더니 속이 **아팠다**.

쓰렸다 시장했다 긁었다

37. 모르는 사람에게 **실례**를 범하였다.

예의 사랑 결례

38. 아버지가 끓인 국이 **싱거웠다**.

짰다 밍밍했다 겹쳤다

39. 행사장에 인파가 몰려 **시끄러웠다**.

서늘했다 소란스러웠다 음산했다

40. 명절에 **식구**들이 모이니 행복했다.

동료 가족 아내

41. 예식장에 설치된 조명이 **화려했다**.

상당했다 완벽했다 눈부셨다

42. 안건이 통과되기 위해서는 **논의**가 필요하다.

세력 기업 협의

14. 음절 조합 (☞ 과제 실시 방법 p. 40)

1. 증 모 망 보 유 무 나 멸 치 납

2. 악 비 석 물 나 일 건 도 기 보

3. 방 종 예 박 접 영 수 상 지 료

4. 름 기 글 포 갑 씨 지 크 치 눈

5. 민 요 풍 국 리 도 봉 면 철 태

6. 실 스 필 랑 연 프 하 사 왕 마

7. 친 갑 모 구 동 환 역 생 할 자

8. 수 악 반 탁 지 슴 구 항 두 가

15. 단어 퍼즐 (☞ 과제 실시 방법 p. 40)

보기

① 장미　② 태풍　③ 요리사

요	풍	태
장	리	육
미	스	사

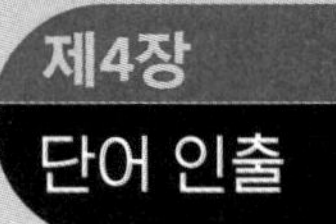

보기

① 기차 ② 주차장 ③ 호수

문	기	봉
주	차	장
김	호	수

보기

① 갈등 ② 신호등 ③ 약국

신	지	바
서	호	갈
약	국	등

보기

① 과일 ② 단추 ③ 물고기

물	과	우
고	임	일
기	단	추

보기

① 낙엽 ② 바늘 ③ 주유소

주	오	낙
몬	유	엽
바	늘	소

보기

① 리모컨　② 베개　③ 액자

베	액	김
공	개	자
리	모	컨

보기

① 수표 ② 반팔 ③ 수면 ④ 효자 ⑤ 해산물

염	표	수	면
자	해	폴	차
효	코	산	욱
앙	팔	반	물

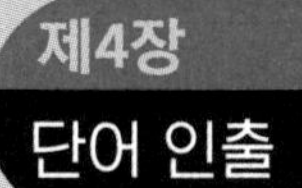

보기

① 군대 ② 육군 ③ 편식 ④ 해결 ⑤ 해수욕장

해	종	육	군
결	수	짐	대
유	규	욕	말
편	식	귀	장

보기

① 개업 ② 개조 ③ 매입 ④ 치매 ⑤ 해열제

해	제	치	매
열	박	군	입
제	개	업	방
허	조	지	둥

보기

① 대중교통 ② 면도 ③ 사투리 ④ 절약 ⑤ 직장

대	절	온	직
사	중	약	장
투	안	교	인
리	면	도	통

보기

① 대한민국 ② 자매 ③ 오징어 ④ 세차 ⑤ 청소기

청	세	차	대
자	소	미	한
매	가	기	민
오	징	어	국

보기

① 곤충 ② 건망증 ③ 죄책감 ④ 충치 ⑤ 희로애락

희	건	망	증
로	죄	충	치
애	곤	책	이
락	겸	부	감

제5장

문장 산출

과제 실시 방법

1. 일상 대화 ☞ pp. 157–160

1. 임상가는 대상자에게 일상적인 질문을 하고 대답하도록 합니다.
2. 대상자가 적절한 대답을 찾지 못할 경우, 임상가는 질문에 대한 보기 단서를 제시하여 대상자가 대답하도록 유도합니다.

   예 임상가) 성함이 어떻게 되세요?
   대상자) (무반응)
   임상가) 성함이 홍길동인가요, 김철수인가요?

3. 대상자가 한 단어로만 대답할 경우, 임상가는 대상자가 완성된 문장으로 말하도록 유도합니다.

   예 대상자) 홍길동……
   임상가) 문장으로 완성해서 말해 보세요.
   대상자) 홍길동입니다.

2. 질문 응답 ☞ pp. 161–162

1. 임상가는 대상자에게 문제 상황을 제시하고 문제해결 방법을 말하도록 합니다.
2. 대상자가 불완전하게 대답할 경우, 임상가는 추가적인 지시 혹은 질문을 통해 적절한 대답을 유도합니다.

   예 임상가) 집에 택배가 배송되어 있습니다. 그런데 확인해 보니 잘못 배송된 택배였습니다. 택배사에 전화를 걸어서 어떻게 말해야 하나요?
   대상자) 택배가 잘못 왔어요.
   임상가) 택배기사가 오배송된 물건을 찾아갈 수 있도록 주소를 포함해서 다시 말해 보세요.
   대상자) 여기 서울 은평구 통일로인데요. 택배가 잘못 배송되었어요. 확인해 주세요.

3. 상황 대화 ☞ pp. 163-164

1. 임상가는 대상자에게 상황과 역할을 제시하고 역할에 맞는 표현을 말하도록 합니다.

   예 상황) 구매한 바지에 얼룩이 있어 바지를 교환하러 옷가게에 방문한 상황.
   임상가) 무엇을 도와드릴까요?
   대상자) 어제 바지를 샀는데 얼룩이 있어서 교환하러 왔어요.
   임상가) 죄송합니다. 확인하고 교환해 드릴게요.
   대상자) 네, 감사합니다.

2. 대상자가 적절한 표현을 찾지 못할 경우, 임상가는 언어적 모델을 제시하여 대상자가 모방하여 말할 수 있도록 유도합니다.

3. 역할을 바꿔서 한번 더 연습해 보세요.

4. 정보 전달(대상의 특징 설명하기) ☞ pp. 165-169

1. 대상자는 임상가에게 목표 그림의 특징을 설명하여 임상가가 알아맞히도록 합니다.

2. 대상자가 자발적으로 목표 그림의 특징을 설명하지 못할 경우, 임상가는 대상자에게 목표 그림의 의미자질에 대해 질문하여 설명을 유도합니다.

   예 목표 그림) 코끼리
   임상가) 그것은 무엇에 속하나요? 과일인가요?
   대상자) 동물이에요.
   임상가) 그것은 어떻게 생겼나요?
   대상자) 코가 길고 덩치가 커요.

정보 전달(메뉴판, 지도, 광고문, 안내문, 고지서) ☞ pp. 170-179

1. 임상가는 대상자에게 목표 반응과 관련된 질문을 하고 대답하도록 합니다.

2. 대상자가 오반응할 경우, 자료에서 목표 반응과 관련된 부분을 확인할 수 있도록 유도합니다.

5. 단어 정의 ☞ pp. 180-183

1. 임상가는 대상자에게 목표 단어를 제시하고 그 뜻을 말하도록 합니다.
2. 대상자가 오반응할 경우, 임상가는 질문을 통해 적절한 반응을 유도합니다.

   예 목표 단어) 가위

   임상가) 이것으로 어떻게 하나요?

   대상자) 종이를 잘라요.

6. 조사 완성 ☞ pp. 184-187

1. 임상가는 대상자에게 조사가 빠진 문장을 제시하고 맥락에 적절한 조사를 포함하여 완성된 문장을 말하도록 합니다.
2. 대상자가 오반응할 경우, 임상가는 선택지를 제시하여 대상자가 올바른 문장을 말하도록 유도합니다.

   예 목표 문장) 우리는 바람(　　) 쐬러 한강에 갔다.

   대상자) 우리는 바람이 쐬러 한강에 갔다.

   임상가) 바람이 쐬러, 바람을 쐬러 중에서 무엇이 맞나요?

7. 연결 어미를 활용한 복문 산출 ☞ pp. 188-194

1. 임상가는 대상자에게 2개의 단문을 제시하고 연결 어미를 활용하여 복문을 구성하도록 합니다. 이때 적절한 종결 어미를 사용하도록 합니다.
2. 대상자가 오반응할 경우, 임상가는 목표 연결 어미를 제시하여 대상자가 올바른 복문을 구성하도록 유도합니다.

   예 목표 문장) 어머니는 청소한다. 아버지는 설거지한다.

   대상자) 어머니는 청소하면서 아버지는 설거지한다.

   임상가) 대등 연결 어미 '-고'를 포함해서 다시 만들어 보세요.

   대상자) 어머니는 청소하고 아버지는 설거지한다.

8. 단어를 활용한 문장 구성 ☞ pp. 195–215

1. 임상가는 대상자에게 2~4개의 단어를 제시하고, 이를 포함하여 문장을 구성하도록 합니다.
2. 대상자가 자발적으로 문장을 구성하지 못할 경우, 임상가는 첫 어절을 단서로 들려주어 대상자가 스스로 문장을 구성할 수 있도록 유도합니다.

예 임상가) '우산, 쓰다, 동생'을 포함해서 문장을 만들어 보세요.
대상자) (무반응)
임상가) 동생이?
대상자) 동생이 우산을 써요.

9. 주제에 대한 문장 구성 ☞ pp. 216–221

1. 임상가는 대상자에게 주제 및 3~5개의 단어를 제시하고, 주제에 적합한 문장을 구성하도록 합니다.
2. 대상자가 자발적으로 문장을 구성하지 못할 경우, 임상가는 첫 어절을 단서로 들려주어 대상자가 스스로 문장을 구성할 수 있도록 유도합니다.

예 임상가) '휴대폰의 기능'에 대해 '편리하다, 통화, 이동'을 포함해서 문장을 만들어 보세요.
대상자) (무반응)
임상가) 이동하면서?
대상자) 이동하면서 통화할 수 있어서 편리합니다.

10. 공통점 및 차이점 설명 ☞ pp. 222–225

1. 임상가는 대상자에게 2개의 단어를 제시하고, 공통점과 차이점을 설명하도록 합니다.
2. 대상자가 오반응할 경우, 임상가는 질문을 통해 적절한 반응을 유도합니다.

예 임상가) 서점과 도서관의 공통점과 차이점을 설명해 보세요.
대상자) 모르겠어요.
임상가) 서점과 도서관에는 무엇이 많나요?
대상자) 책이 많습니다.

11. 관용어 설명

☞ pp. 226-231

1. 임상가는 대상자에게 관용어를 제시하고, 이를 정의하고 예문을 말하도록 합니다.
2. 대상자가 오반응할 경우, 임상가는 관용어의 뜻을 설명하고, 다시 올바른 예문을 만들도록 유도합니다.

예 임상가) '손이 크다'의 뜻을 말해 보세요.

대상자) 모르겠어요.

임상가) '손이 크다'라는 말은 씀씀이가 후하고 클 때 사용하는 말입니다. 다시 '손이 크다'의 뜻을 말해 보세요.

대상자) 씀씀이가 후하고 클 때 사용하는 말이에요.

1. 일상 대화 (☞ 과제 실시 방법 p. 152)

1. A: 안녕하세요?

   B: ______

2. A: 성함이 홍길동인가요?

   B: ______

3. A: 성함이 어떻게 되세요?

   B: ______

4. A: 어디에 사세요?

   B: ______

5. A: 생일이 언제예요?

   B: ______

6. A: 몇 년생이세요?

   B: ______

7. A: 오늘 기분이 어떠세요?

B: ______________________

8. A: 오늘 날씨가 어때요?

B: ______________________

9. A: 고향이 어디세요?

B: ______________________

10. A: 오늘은 무슨 요일이에요?

B: ______________________

11. A: 병원에 어떻게 오셨어요?

B: ______________________

12. A: 핸드폰 번호가 어떻게 되세요?

B: ______________________

13. A: 무슨 음식을 좋아하세요?

B: ______________________________

14. A: 지금 누구랑 살고 계세요?

B: ______________________________

15. A: 미용실을 얼마나 자주 가세요?

B: ______________________________

16. A: 무슨 일을 하셨어요?

B: ______________________________

17. A: 무슨 TV 프로그램을 좋아하세요?

B: ______________________________

18. A: 어제 저녁에 뭐 드셨어요?

B: ______________________________

19. A: 반려동물을 키우세요?

B: ______________________________

20. A: 무슨 동물을 좋아하세요?

B: ______________________________

21. A: 밤에 주로 몇 시에 주무세요?

B: ______________________________

22. A: 무슨 계절을 좋아하세요?

B: ______________________________

23. A: 어제 뭐 하셨어요?

B: ______________________________

24. A: 취미가 뭐예요?

B: ______________________________

2. 질문 응답 (☞ 과제 실시 방법 p. 152)

1. 도서관에서 공부 중입니다. 옆 사람의 휴대폰이 울리고 있는데 당사자는 모르고 있습니다. 옆 사람에게 뭐라고 말해야 하나요?

2. 휴대폰을 구매하였는데 액정이 깨져 있습니다. 제품을 새것으로 교환하려면 매장에 가서 뭐라고 말해야 하나요?

3. 카페에서 커피를 주문했습니다. 그런데 주문한 커피와 다른 커피가 나왔습니다. 직원에게 뭐라고 말해야 하나요?

4. 날씨가 추워지면서 수도관이 동파되었습니다. 문제를 해결하기 위해 경비실에 뭐라고 말해야 하나요?

5. 지하철을 탔는데 역을 잘못 내렸습니다. 반대편으로 가서 지하철을 다시 타야 합니다. 역무원에게 뭐라고 말해야 하나요?

6. 놀이동산에 갔습니다. 한 아이가 혼자서 울고 있습니다. 아이에게 뭐라고 말해야 하나요?

7. 고무장갑을 사러 마트에 갔는데 상품이 보이지 않습니다. 고무장갑을 찾기 위해서 직원에게 뭐라고 말해야 하나요?

8. 친구와 축구를 하다가 공이 이웃집 마당으로 넘어갔습니다. 공을 찾기 위해 이웃에게 뭐라고 말해야 하나요?

9. 집에 택배가 배송되어 있습니다. 그런데 확인해 보니 잘못 배송된 택배였습니다. 택배사에 전화를 걸어서 뭐라고 말해야 하나요?

10. 아이들과 외식을 하러 갔는데 아이들이 식당에서 뛰어다닙니다. 아이들에게 뭐라고 말해야 하나요?

11. 은행에 계좌를 개설하러 갔습니다. 순서가 되어서 창구로 갔습니다. 은행원에게 뭐라고 말해야 하나요?

12. 아침에 일어나니 고열이 나고 몸살 기운이 있습니다. 회사에 출근하기 어려운 상황입니다. 회사에 연락해서 뭐라고 말해야 하나요?

13. 버스에서 내리다가 어느 한 노인과 부딪혔습니다. 노인은 중심을 잡지 못하고 넘어졌습니다. 노인에게 뭐라고 말해야 하나요?

14. 나이키 매장에서 운동복을 샀습니다. 집에 와서 운동복을 입어보니 사이즈가 너무 큽니다. 사이즈를 교환하려면 매장에 가서 뭐라고 말해야 하나요?

15. 광화문 광장에서 교통사고를 목격했습니다. 곧바로 112로 전화를 걸었습니다. 경찰에게 뭐라고 말해야 하나요?

16. 이틀 동안 복통이 지속되어 병원에 갔습니다. 의사에게 뭐라고 말해야 하나요?

3. 상황 대화 (☞ 과제 실시 방법 p. 153)

1. 새 안경을 맞추기 위해 안경원에 방문한 상황.

역할: 점원, 손님

2. 구매한 바지에 얼룩이 있어 바지를 교환하러 옷가게에 방문한 상황.

역할: 점원, 손님

3. 저녁 식사를 예약하기 위해 한식당에 전화한 상황.

역할: 점원, 손님

4. 거리에서 지갑을 주운 뒤에 경찰서에 방문한 상황.

역할: 경찰관, 습득인

5. 피아노를 배우기 위해 학원에 방문한 상황.

역할: 강사, 학생

6. 혼자 살 집을 찾기 위해 부동산에 방문한 상황.

역할: 중개인, 손님

7. 부모님께 선물할 꽃을 사기 위해 꽃가게에 방문한 상황.

역할: 점원, 손님

8. 머리 염색을 위해 미용실에 방문한 상황.

역할: 미용사, 손님

9. 카카오뱅크 개발자 공고를 보고 근무 지역 및 급여 수준에 대해 문의하기 위해 인사팀에 전화한 상황.

역할: 인사팀 직원, 지원자

10. 도서관에서 사서에게 『정의란 무엇인가』라는 책을 찾는 것을 도와달라고 부탁하는 상황.

역할: 사서, 이용자

11. 아파트에 화재가 발생해서 119에 신고하는 상황.

역할: 소방관, 신고자

12. 헬스장 이용을 등록하기 위해 헬스장에 방문한 상황.

역할: 직원, 회원

13. 비행기 탑승 시 수하물에 대한 규정을 알고 싶어서 항공사에 전화한 상황.

역할: 직원, 고객

14. 신발 매장에서 원하는 사이즈의 신발을 찾지 못하는 상황.

역할: 직원, 손님

15. 감기 증상으로 진료를 보는 상황.

역할: 의사, 환자

16. 친구에게 빌린 책을 잃어버려서 사과하는 상황.

역할: 책을 빌린 친구, 책을 빌려 준 친구

4. 정보 전달 (☞ 과제 실시 방법 p. 153) 대상의 특징 설명하기

1.

2.

3.

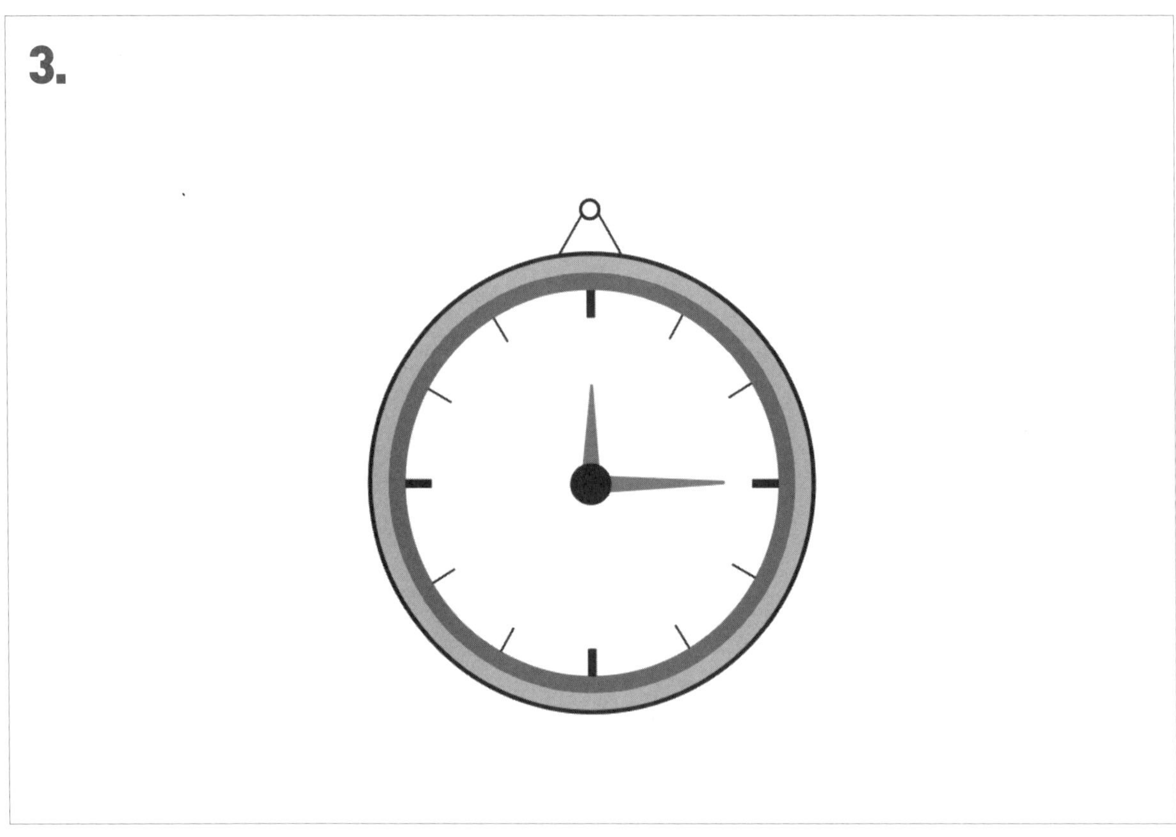

4.

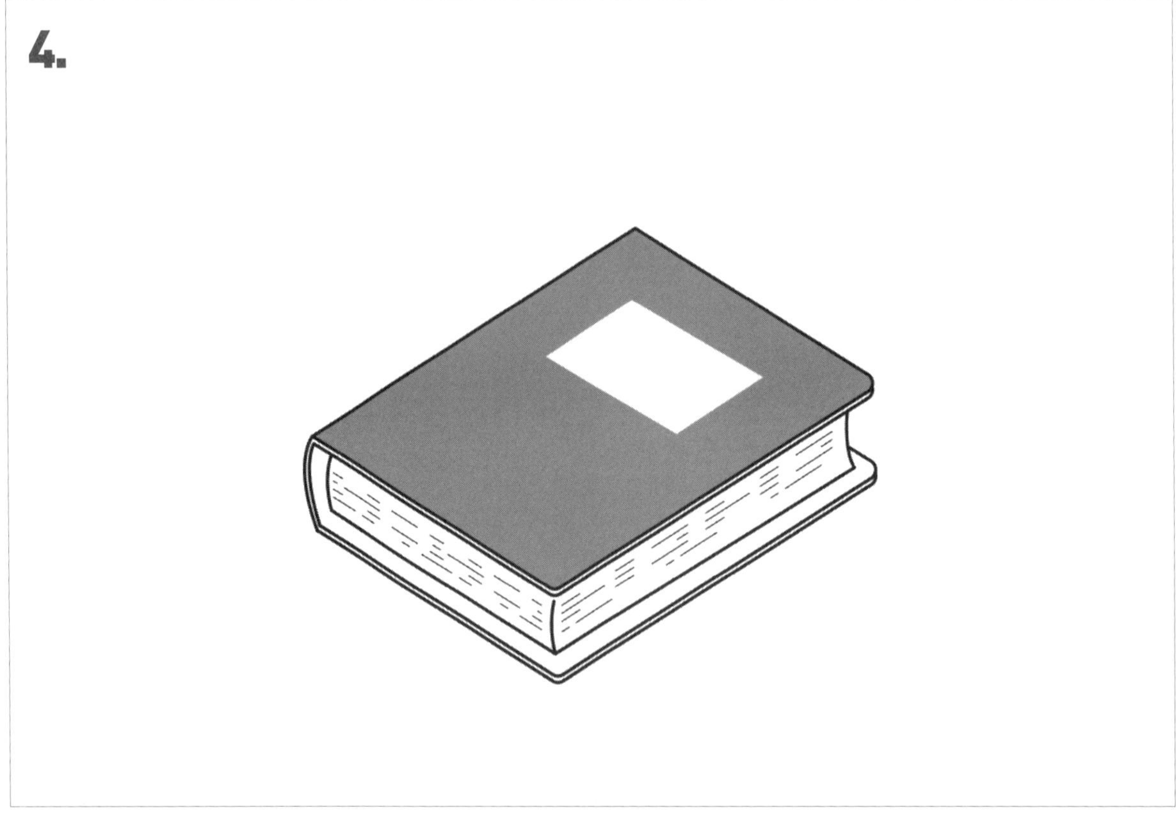

5.

6.

7.

8.

9.

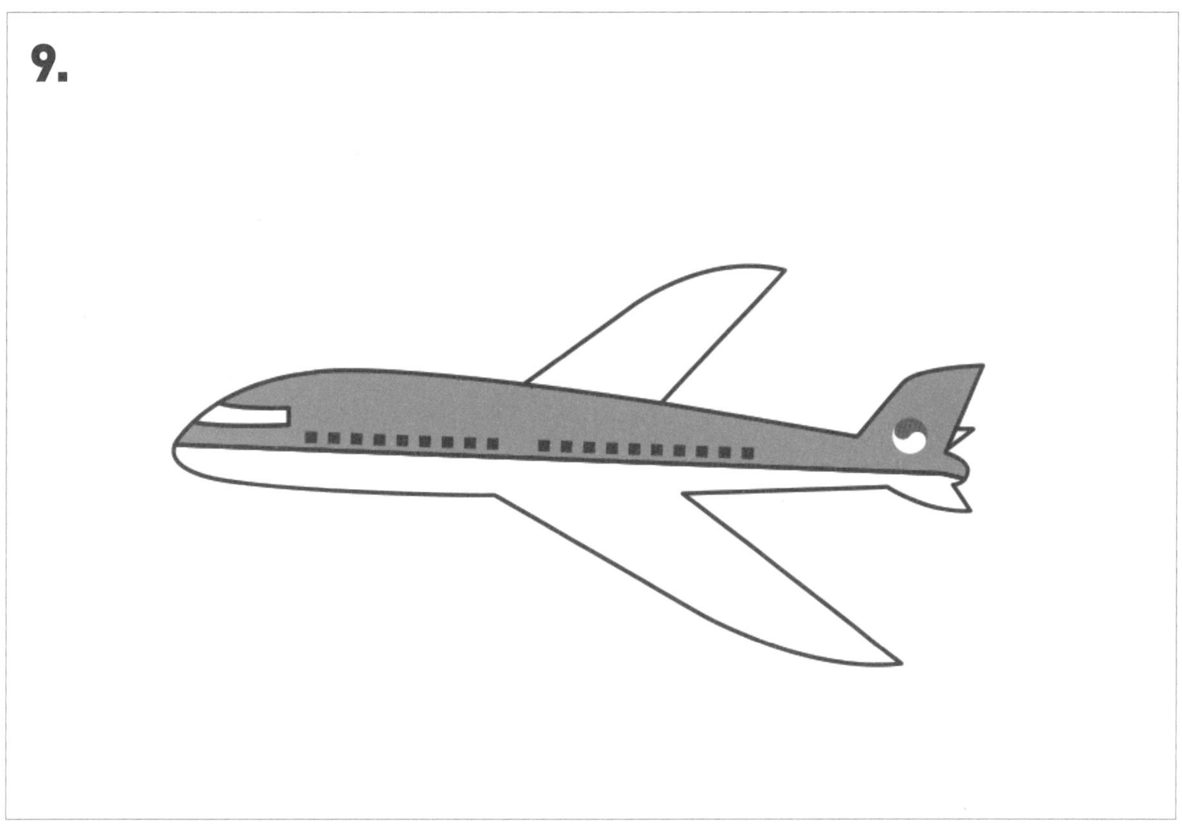

10.

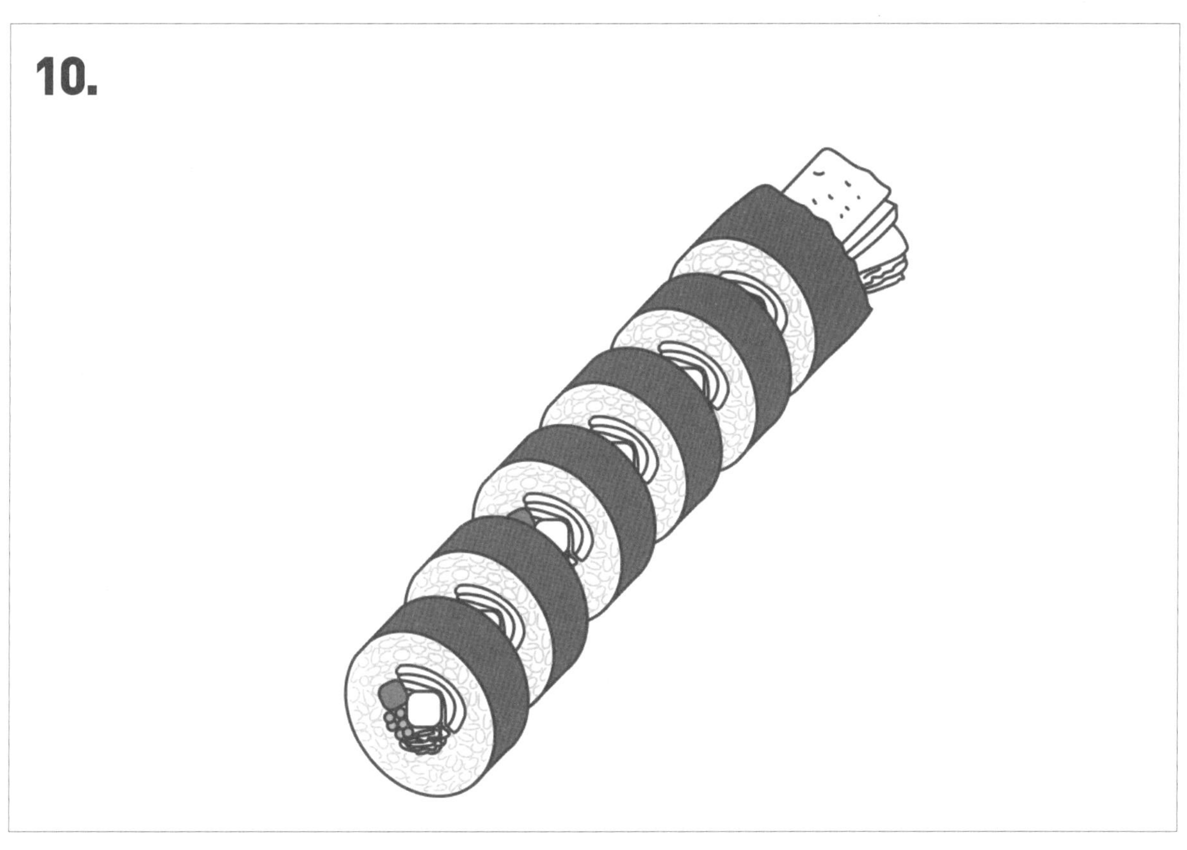

대한민국 최고 즉석 떡볶이
불타는 짬뽕
6,000
철판 떡볶이
9,000
땡초 떡볶이
4,000
주먹밥
3,000
떡라면
5,000
순수어묵
4,000
서울시 강남구 강남대로 123
02-1522-7190

1. 땡초 떡볶이는 얼마인가요?

2. 주먹밥과 떡라면을 주문하면 모두 얼마인가요?

3. 무슨 음식이 가장 저렴한가요?

4. 배달을 시키려면 어떻게 해야 하나요?

5. 가게는 어디에 있나요?

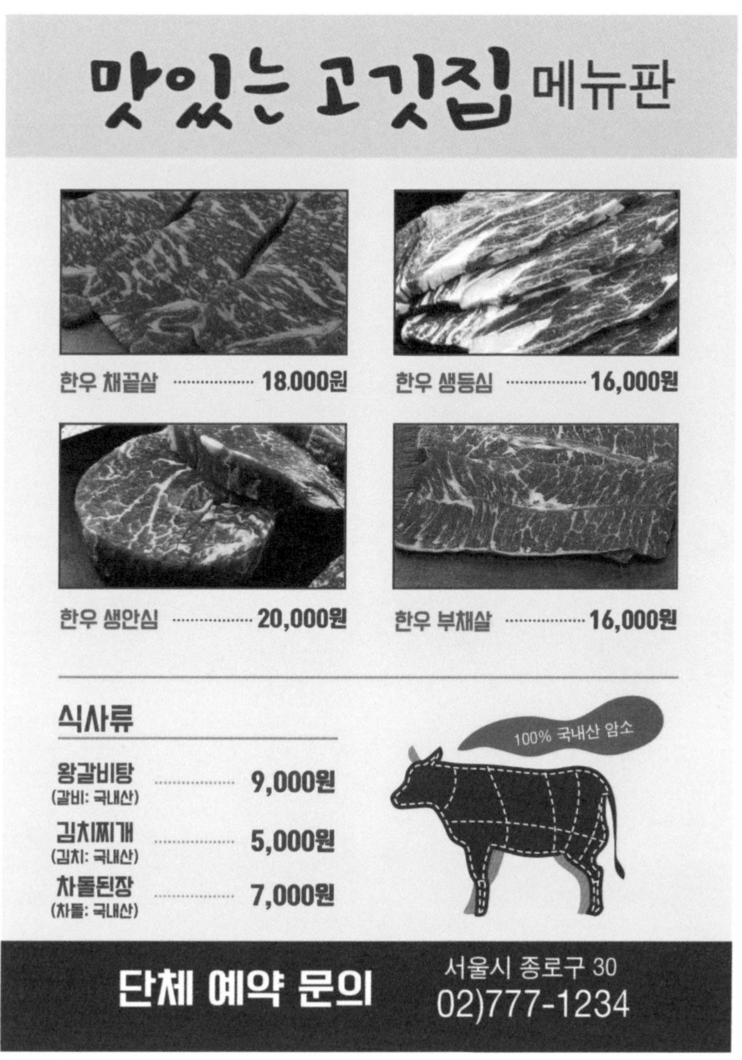

1. 가게는 어디에 있나요?

2. 한우 생등심은 1인분에 얼마인가요?

3. 단체 예약 문의는 어떻게 하나요?

4. 식사류에서 가장 비싼 음식은 무엇인가요?

5. 소고기의 원산지는 어디인가요?

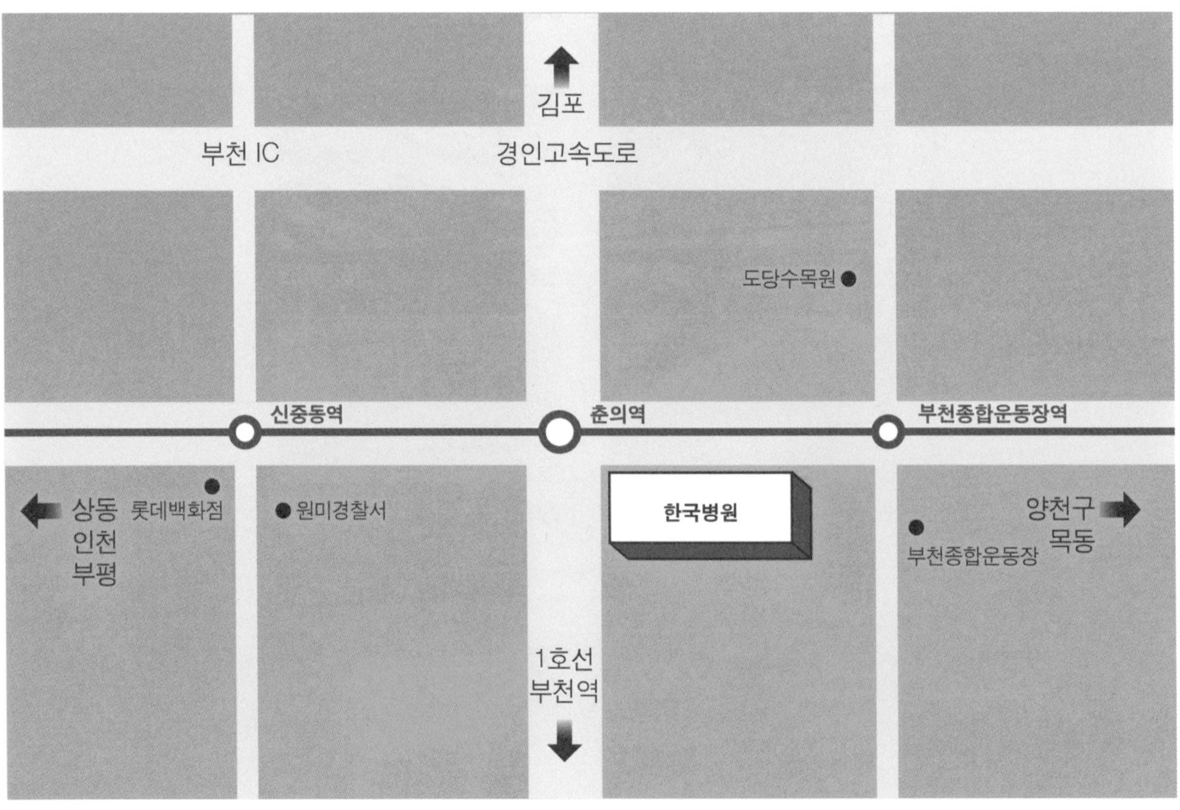

1. 춘의역 근처에 무슨 병원이 있나요?

2. 춘의역에서 부천종합운동장으로 가려면 무슨 방면으로 가야 하나요?

3. 부천 IC는 무슨 역과 가깝나요?

4. 한국병원에서 롯데백화점까지 가는 방법을 설명하세요.

5. 롯데백화점에서 도당수목원까지 가는 방법을 설명하세요.

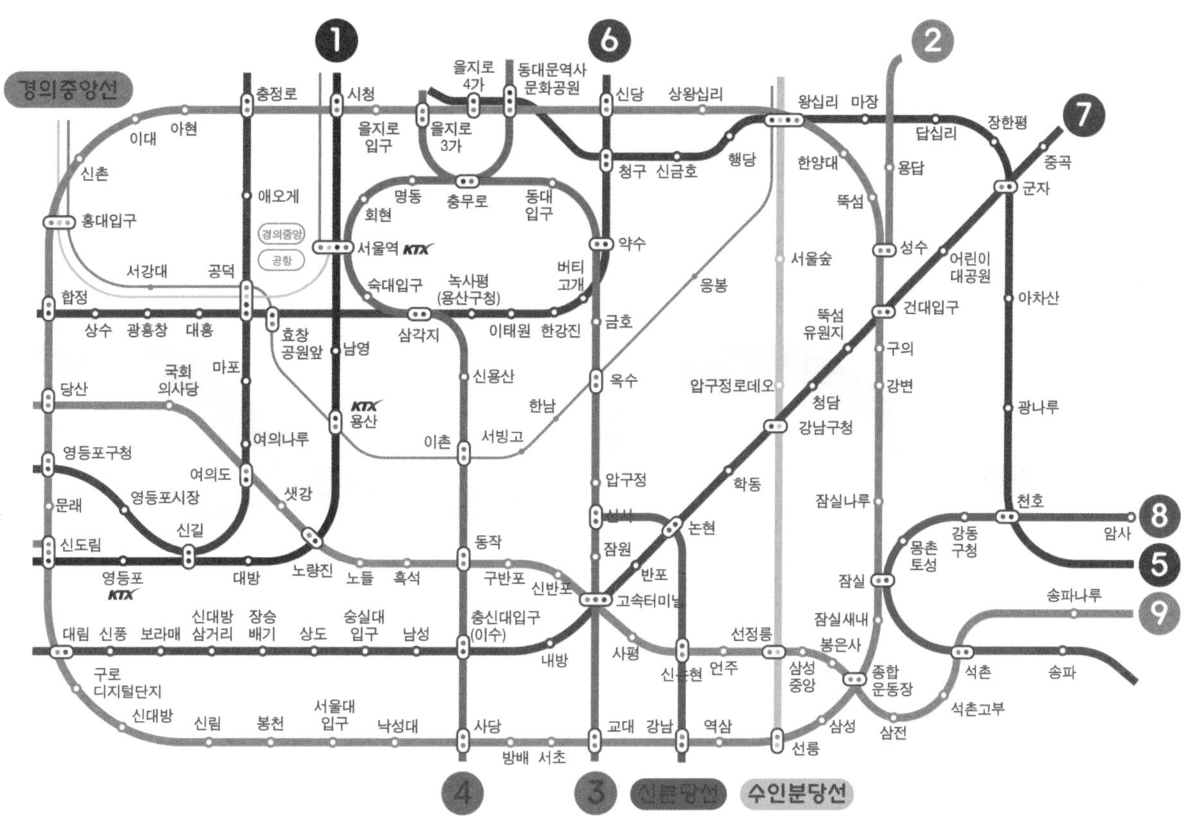

1. 서울역에서 강남역까지 가는 길을 설명하세요.

2. 홍대입구역에서 서울대입구역까지 가는 길을 설명하세요.

3. 이수역에서 왕십리역까지 가는 길을 설명하세요.

4. KTX기차를 탈 수 있는 역을 모두 설명하세요.

5. 고속터미널역을 지나가는 노선을 모두 설명하세요.

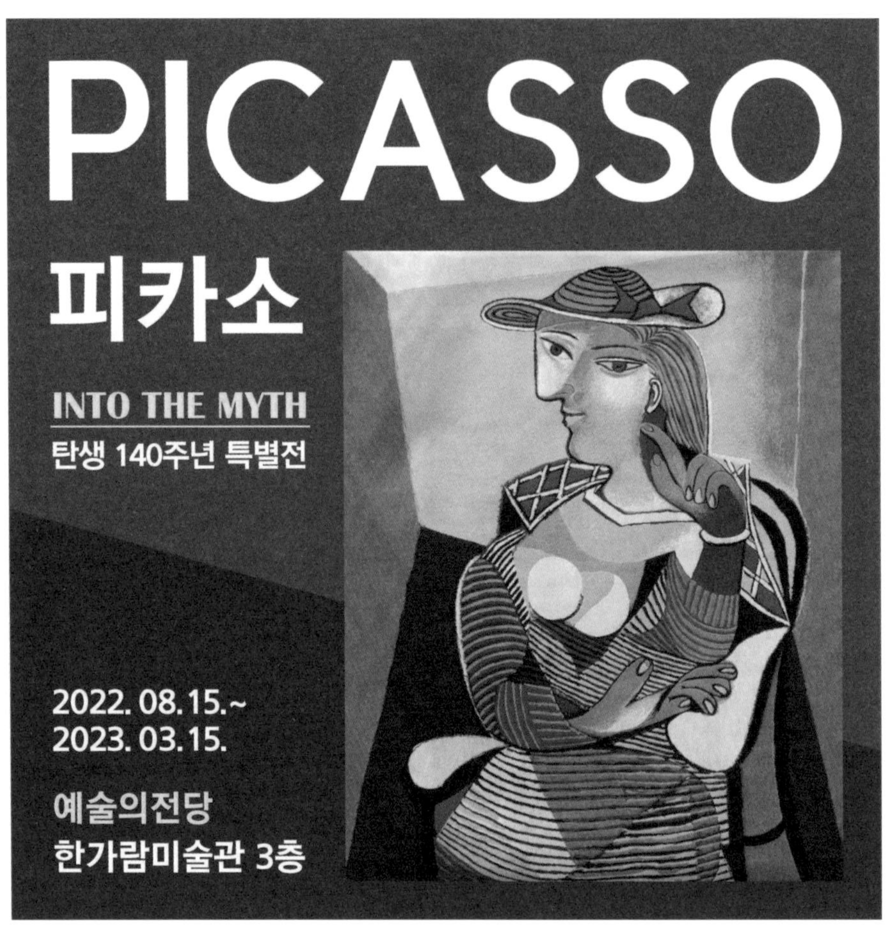

1. 무슨 전시회가 열리나요?

2. 전시회는 어디서 열리나요?

3. 전시회는 언제부터 언제까지 열리나요?

1. 무슨 할인 행사인가요?

2. 행사는 언제부터 언제까지 열리나요?

3. 전복을 할인받으려면 어떻게 해야 하나요?

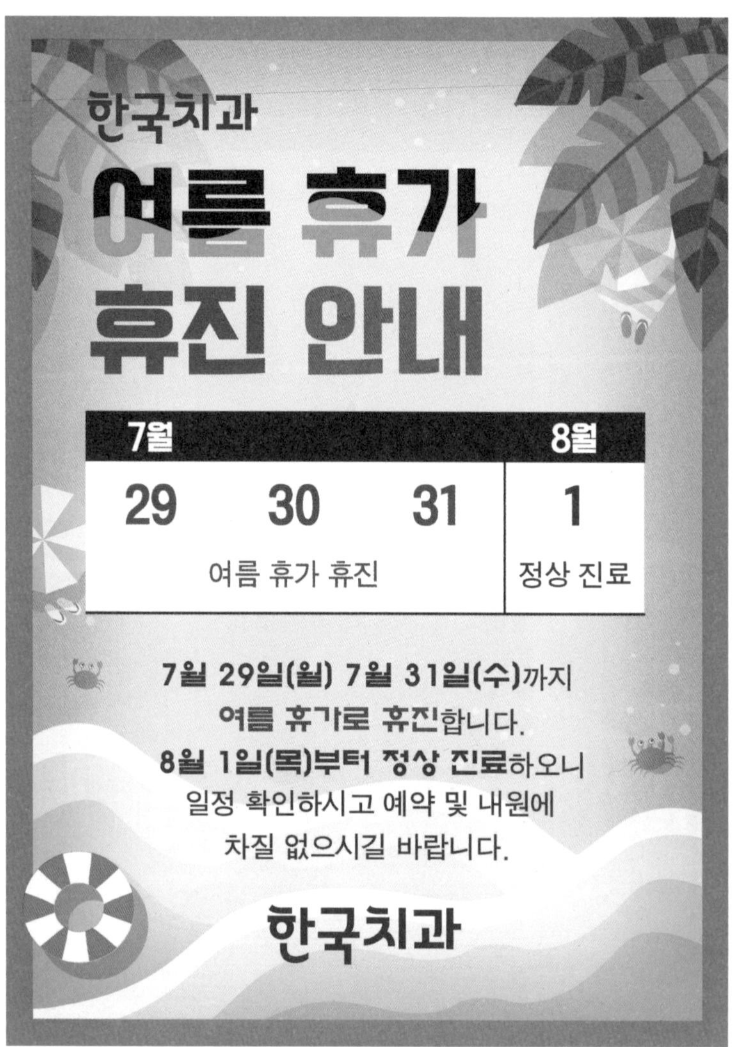

1. 무엇에 대한 안내문인가요?

2. 며칠 동안 휴진인가요?

3. 언제부터 언제까지 휴진인가요?

4. 정상 진료는 언제부터인가요?

5. 어느 병원에서 안내문을 게시하였나요?

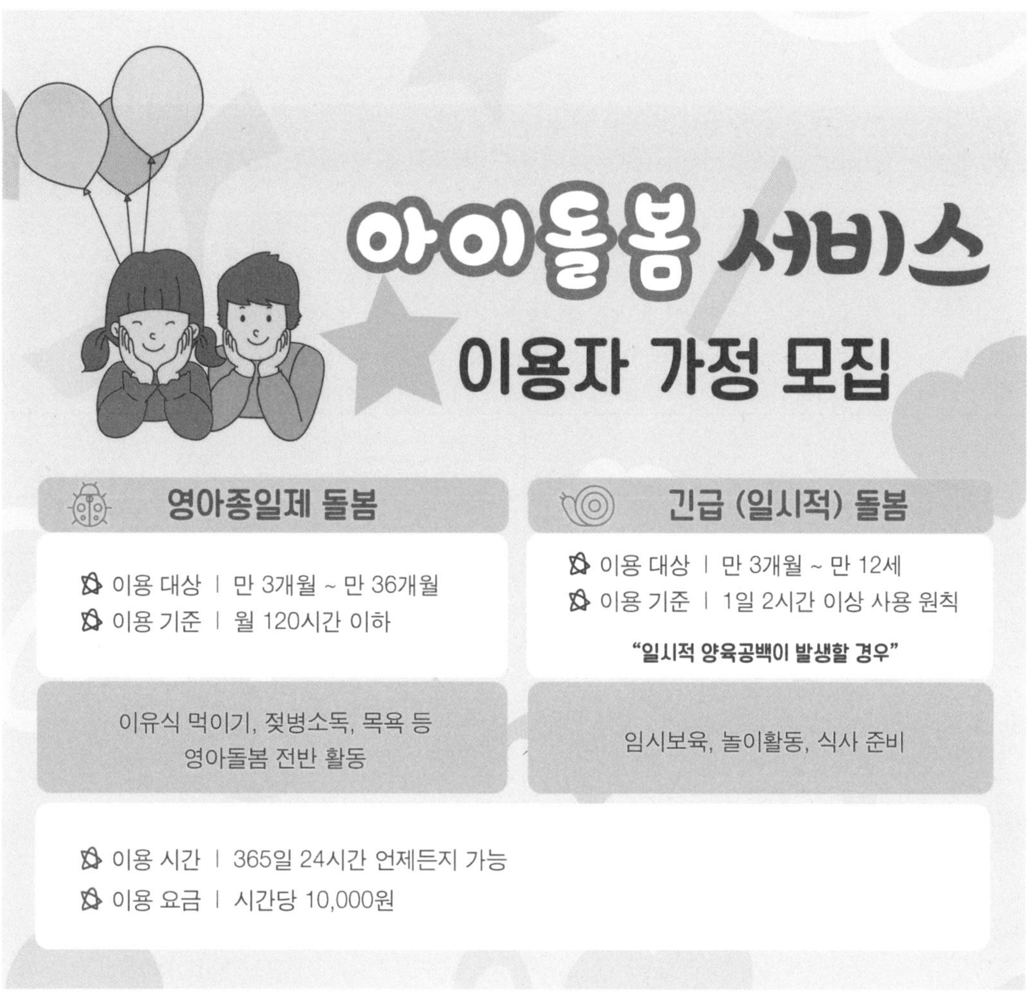

1. 무엇에 대한 안내문인가요?

2. 돌봄 서비스는 어떻게 구성되어 있나요?

3. 영아돌봄 전반 활동을 돕는 서비스는 어떤 서비스인가요?

4. 만 11세는 어떤 서비스를 이용할 수 있나요?

5. 이용 요금은 시간당 얼마인가요?

사용기간: 2022. 05. 01 ~ 2022. 05. 31.

22년 5월 ▾ 청구금액 **83,510**원

총 이용하신 금액 139,915원 − 할인 받으신 금액 56,405원

- 납부하실 금액
- 휴대폰 소액 결제
- 즉시 납부하기
- 월 사용량 조회

사용 내역	
❶ 통신서비스 요금	58,596원
❷ 콘텐츠 & 부가 사용료	16,300원
❸ 단말기 할부금	2,055원
❹ 부가가치세	6,560원
❺ 미납 요금	0원

납부 방법 변경▸

납부 정보	
• 이용 서비스	이동통신(010**40***72)
• 예금(카드)주명	손흥민
• 은행(카드)명/번호	신한카드/5428*************
• 납기일	2022. 06. 15.
• 출금일	

1. 휴대폰 요금은 얼마인가요?

2. 할인을 받은 금액은 얼마인가요?

3. 콘텐츠 & 부가 사용료는 얼마인가요?

4. 미납 요금은 얼마인가요?

5. 등록된 카드의 카드사는 어디인가요?

관리비 납입 영수증(입주자용)

2022년 10월 53.9119 m^2

일반 관리비	12,580	전기 65KWh	3,770		
청소비	6,830	공동 전기료	3,070		
소독비	190	승강기 전기	930		
승강기 유지비	720	TV수신료	2,500	당월 부과액	41,410원
수선 유지비	680			할 인 금 액	
		수도 3m^2	3,050	미 납 액	
		공공 수도료	-30	미납연체료	
경비비	7,400				
순수 수익 차감	-140			납기내	2022. 11. 27.
공동 전기료 차감	-3,070				41,410원
		온수 1m^2	4,010		
공용 관리비 차감	-1,080				

1. 공동 전기료는 얼마인가요?

2. 당월 부과액은 얼마인가요?

3. 수선 유지비는 얼마인가요?

4. 납기 기한은 언제까지인가요?

5. 이 고지서는 누구를 위한 고지서인가요?

5. 단어 정의 (☞ 과제 실시 방법 p. 154)

1. 가위:

2. 숟가락:

3. 연필:

4. 컵:

5. 운동화:

6. 바늘:

7. 의자:

8. 세탁기:

9. 우산:

10. 빗:

11. 휴대폰:

12. 빨대:

13. 청진기:

14. 장미:

15. 식탁:

16. 선생님:

17. 반지:

18. 커피:

19. 미용실:

20. 고추:

21. 자:

22. 구름:

23. 망원경:

24. 미움:

25. 체온계:

26. 사랑:

27. 돋보기:

28. 편지:

29. 각도기:

30. 감기:

31. 신호등:

32. 행복:

33. 약속:

34. 된장:

35. 비타민:

36. 국회의원:

37. 불행:

38. 마라톤:

39. 야자수:

40. 인생:

6. 조사 완성 (☞ 과제 실시 방법 p. 154)

1. 우리는 바람(　　　) 쐬러 한강에 갔다.

2. 오늘이 부모님(　　　) 결혼기념일입니다.

3. 친구(　　　) 함께 영화관에 갔어요.

4. 민지가 현수(　　　) 꽃을 선물했다.

5. 쌍둥이지만 성격(　　　) 완전히 다르다.

6. 고향이 어느덧 대도시(　　　) 변화하였다.

7. 내일 회의는 10시(　　　) 시작하겠습니다.

8. 일주일(　　　) 몇 번 수영장에 가나요?

9. 나는 학교 앞(　　　) 버스를 탄다.

10. 선생님(　　　) 책장은 책으로 가득찼다.

11. 치즈는 우유(　　　) 만들어요.

12. 할머니가 된장(　　　) 주문하셨어요.

13. 동생(　　　) 돈을 이체했다.

14. 송곳(　　　) 구멍을 뚫었다.

15. 그 친구(　　　) 나를 괴롭혔다.

16. 이 영화는 18세(　　　) 관람할 수 있습니다.

17. 마감 기한은 이번 달(　　　)입니다.

18. 귀(　　　) 아프면 이비인후과에 가세요.

19. 사과(　　　) 배를 주문했다.

20. 그림은 만지지 말고 눈(　　　) 감상하세요.

21. 친척들이 모여 다 같이 윷놀이(　　　) 했다.

22. 바람이 불면 창문(　　　) 닫으세요.

23. 바지를 사려고 백화점(　　　) 갔다.

24. 명동역(　　　) 4호선을 타세요.

25. 접수는 5시(　　　) 받습니다.

26. 냉장고에 주스(　　　) 딸기를 넣었다.

27. 어디(　　　) 나는 냄새인가요?

28. 어제는 눈이 내리더니 오늘(　　　) 비가 내린다.

29. 어버이날 부모님(　　　) 카네이션을 드렸다.

30. 물은 산소와 수소(　　　) 이루어져 있습니다.

31. 아프면 얼른 병원(　　　) 가세요.

32. 집(　　　) 자전거를 타고 갔다.

33. 하얀색 페인트(　　　) 벽을 칠했다.

34. 유류세가 1년 전(　　　) 올랐습니다.

35. 섭섭해서 눈물(　　　) 날 뻔했다.

36. 아나운서(　　　) 안타까운 소식을 전했다.

37. 계약서(　　　) 도장을 찍었다.

38. 어제 무슨 일(　　　) 전화했어요?

39. 밖(　　　) 나갈 때 선크림을 바르세요.

40. 돈을 아껴서 노트북(　　　) 사려고 해요.

7. 연결 어미를 활용한 복문 산출 (☞ 과제 실시 방법 p. 154)

대등: -고, -(으)며

1. 어머니가 청소하다. 아버지는 설거지하다.

2. 영희는 양말을 사다. 영희는 바지를 사다.

3. 부산에 비가 내리다. 울산에는 바람이 불다.

4. 부동산에서 집을 계약하다. 계약금을 입금하다.

5. 언니가 숙제를 끝내다. 언니가 뉴스를 보다.

6. 모종삽으로 땅을 파다. 묘목을 심다.

7. 봉투에 주소를 적다. 봉투에 우표를 붙이다.

8. 김연아 선수가 금메달을 따다. 부상으로 상금을 받다.

이유: -(으)니까, -아서/어서, -(으)므로, -느라고

1. 날씨가 춥다. 두꺼운 옷을 입다.

2. 비가 내리다. 빨래를 걷다.

3. 영민이는 자상하다. 영민이는 인기가 많다.

4. 집에 도둑이 들다. 보안 카메라를 설치하다.

5. 회사가 멀다. 가까운 곳으로 이사하다.

6. 태풍이 몰아치다. 창문을 닫다.

7. 눈에 염증이 생기다. 안과에 가다.

8. 배터리가 닳다. 휴대폰 전원이 꺼지다.

동시: -(으)면서, -자, -자마자

1. 주연이가 노래를 듣다. 주연이가 공부하다.

2. 어머니가 저녁을 준비하다. 어머니가 라디오를 듣다.

3. 동생이 달리기하다. 동생이 노래를 흥얼거리다.

4. 버스를 기다리다. 전화하다.

5. 친구와 수다를 떨다. 친구와 커피를 마시다.

6. 아침에 일어나다. 세수하다.

7. 거울을 보다. 머리를 빗다.

8. 남자가 지도를 보다. 남자가 주변을 두리번거리다.

조건: -(으)면, -아야/어야, -(으)려면

1. 할인 혜택을 받다. 이번 주까지 등록하다.

2. 세미나에 참석하다. 사전에 신청서를 내다.

3. 신청자가 예정 인원에 미달하다. 수업이 폐강되다.

4. 교통사고를 피하다. 주변을 살피다.

5. 저녁 식사를 예약하다. 식당에 전화를 걸다.

6. 식물이 성장하다. 식물을 창가에 두다.

7. 따뜻한 꿀물을 마시다. 감기 예방에 좋다.

8. 밀가루 섭취를 줄이다. 피부가 깨끗해지다.

목적: -(으)러, -(으)려고, -고자, -도록, -게

1. 낚시하다. 호숫가에 가다.

2. 문자를 확인하다. 휴대폰을 켜다.

3. 벽에 시계를 걸다. 망치로 못을 박다.

4. 나무를 심다. 앞마당으로 가다.

5. 신혼부부의 출산을 장려하다. 국가의 지원을 늘리다.

6. 등산을 하러 가다. 등산화를 신다.

7. 화재를 예방하다. 안전교육을 실시하다.

8. 택배를 접수하다. 우체국에 가다.

적절한 연결 어미를 사용해서 문장을 구성하세요.

1. 비바람이 강하게 불다. 파도가 높이 치다.

2. 겨울에는 기온이 낮다. 겨울에는 두꺼운 옷이 필요하다.

3. 남편이 밥을 먹다. 남편이 중식당에 가다.

4. 친구가 떠들다. 집중을 할 수 없다.

5. 민지는 배낭여행을 가다. 민지는 방학 동안 일을 하다.

6. 나는 자동차를 계약하다. 나는 자동차 보험에 가입하다.

7. 봄이 오다. 벚꽃이 만개하다.

8. 침대에 눕다. 잠이 들다.

적절한 연결 어미를 사용해서 문장을 구성하세요.

1. 투자를 받다. 창업 경진대회에 참여하다.

2. 접촉 사고가 나다. 백미러가 망가지다.

3. 조깅을 하다. 샤워를 하다.

4. 시험에서 최우수 성적을 받다. 장학금을 받다.

5. 눈이 건조하다. 안과에 가다.

6. 밤새 드라마를 보다. 언니와 이야기를 나누다.

7. 감염병을 예방하다. 손을 깨끗이 씻다.

8. 차가 밀리다. 회사에 지각하다.

8. 단어를 활용한 문장 구성 (☞ 과제 실시 방법 p. 155)

1. 무대, 조명

2. 마트, 고구마

3. 정체, 도로

4. 소매, 단추

5. 감기, 썰매

6. 카메라, 지갑

7. 화분, 고양이

8. 휴대폰, 버스

9. 나이테, 나무

10. 화폐, 중앙은행

11. 궤도, 토성

12. 약도, 장소

13. 법원, 사건

14. 등교, 자동차

15. 연기, 굴뚝

16. 갈매기, 해변

17. 명절, 세배

18. 편지, 친척

19. 졸음운전, 고속도로

20. 인터넷, 정보

21. 낭떠러지, 주의

22. 안전벨트, 경고음

23. 농촌, 노인

24. 도표, 기온

25. 호수, 백조

26. 폭포, 바위

27. 신호등, 정지

28. 텃밭, 거름

29. 잠자리, 가을

30. 안경, 시력

31. 날씨, 교외

32. 곤충, 수풀

33. 바퀴, 정비소

34. 사공, 노

35. 약사, 처방전

36. 밭, 호미

37. 소음, 매연

38. 전쟁, 평화

39. 안개, 시야

40. 무덤, 비석

41. 금강산, 경치

42. 저축, 이자

43. 우산, 쓰다, 동생

44. 나무, 베다, 남자

45. 만들다, 눈사람, 겨울

46. 수학, 가르치다, 학교

47. 용돈, 심부름, 받다

48. 지하철, 양보하다, 자리

49. 쓰다듬다, 개, 공원

50. 모자, 날아가다, 바람

51. 경찰, 채우다, 수갑

52. 부딪히다, 기둥, 휴대폰

53. 친구, 만나다, 지각

54. 부동산, 부모님, 계약하다

55. 바쁘다, 업무, 점원

56. 컴퓨터, 고장나다, 수리

57. 이사가다, 교육, 자녀

58. 선박, 침몰하다, 빙하

59. 파괴하다, 포격, 적군

60. 관람하다, 박물관, 경주

61. 국민, 연설하다, 대통령

62. 파라솔, 사다, 수박

63. 보존하다, 자연, 후손

64. 산봉우리, 눈, 덮다

65. 인공위성, 지구, 관측하다

66. 교체하다, 시계, 건전지

67. 바위, 끼다, 이끼

68. 성장하다, 경제, 강대국

69. 현미경, 확대하다, 물체

70. 탄광, 광부, 일하다

71. 산만하다, 분위기, 교실

72. 섭취하다, 건강, 비타민

73. 화재, 주택, 신고하다

74. 조정하다, 차이, 견해

75. 누에, 뽕잎, 갉아먹다

76. 복날, 끓이다, 삼계탕

77. 복장, 모델, 독특하다

78. 지혈하다, 붕대, 피

79. 한복, 여성, 입다

80. 기자, 취재하다, 불법

81. 시청, 입사하다, 면접

82. 가뭄, 메마르다, 농작물

83. 택시, 요금, 인상하다

84. 광장, 시위하다, 학생

85. 지독하다, 구취, 자극하다, 후각

86. 바닷속, 산호, 아름답다, 바라보다

87. 매년, 회사, 협상하다, 연봉

88. 습하다, 뿌리, 썩다, 나무

89. 연관되다, 유전, 고혈압, 대부분

90. 사라지다, 거의, 낙농업, 대도시

91. 깨끗하다, 협동하다, 청소, 거리

92. 청중, 열광하다, 매우, 공연

93. 기부하다, 자주, 옷, 보육원

94. 선생님, 자원봉사, 많다, 지원하다

95. 어부, 멀다, 어선, 잡다

96. 도로, 새벽, 달리다, 깜깜하다

97. 심다, 묘목, 많다, 식목일

98. 전투기, 새롭다, 장착하다, 미사일

99. 배관공, 힘들다, 장비, 수리하다

100. 자매, 꼭, 닮다, 서로

101. 시끄럽다, 옆집, 들리다, 공사

102. 나이, 피부, 노화하다, 당연하다

103. 금리, 내리다, 갑자기, 정부

104. 아침, 절대로, 지각하다, 늦잠

105. 가을, 추수하다, 농부, 뿌듯하다

106. 정직하다, 후보, 국회의원, 선출하다

107. 밝다, 보름달, 추석, 빌다

108. 태권도, 알리다, 한국, 널리

109. 다윈, 창조론, 오래, 반론하다

110. 대통령, 보살피다, 나라, 항상

111. 급히, 안건, 회의, 제기하다

112. 광고, 출연료, 기부하다, 선뜻

113. 지침, 숙지하다, 업무, 충분하다

114. 단언하다, 무속인, 단호하다, 미래

115. 시원하다, 산책하다, 음료수, 반려견

116. 신혼여행, 바로, 인사하다, 처갓집

117. 오래, 빨래, 장마, 지속되다

118. 잉어, 크다, 뻐끔거리다, 입

119. 조립하다, 가구, 신속하다, 직원

120. 폭탄, 제조하다, 해외, 수출하다

121. 더욱, 경기, 가열되다, 시간

122. 동심, 잃다, 안타깝다, 성장

123. 장마, 챙기다, 우산, 항상

124. 매주, 공방, 도예, 배우다

125. 택시, 무시하다, 신호, 빠르다

126. 울리다, 시끄럽다, 알람, 새벽

9. 주제에 대한 문장 구성 (☞ 과제 실시 방법 p. 155)

1. 휴대폰의 기능 (편리하다, 통화, 이동)

2. 토론 (안건, 도출하다, 합의)

3. 양보 (희생하다, 이익, 타인)

4. 철새의 이동 방법 (이동, 장거리, 돌아오다)

5. 흑사병 (페스트균, 일으키다, 급성 전염병)

6. 인격이 형성되는 과정 (청소년기, 경험, 형성되다)

7. 대통령 선거 (5년, 투표하다, 대한민국)

8. 화재 예방 (확인하다, 콘센트, 가스 차단기)

9. 운전면허 취득 (장내기능시험, 도로주행시험, 합격하다)

10. 환경보호 방법 (손수건, 사용하다, 다회용기)

11. 나무의 역할 (산소, 목재, 제공하다)

12. 달리기의 장점 (기억력, 향상하다, 심폐지구력)

13. 문명의 발생 (인류, 떠돌다, 농사, 정착하다)

14. 운동의 필요성 (체력, 유지하다, 건강, 키우다)

15. 태양열 에너지 (햇빛, 만들다, 에너지, 이용하다)

16. 감염병의 예방 (막다, 마스크, 바이러스, 손위생)

17. 광복절 (우리나라, 광복, 기념하다, 국경일)

18. 중앙은행의 역할 (화폐, 발행하다, 물가 안정, 도모하다)

19. 번아웃 증후군 (몰두하다, 무기력, 일, 피로감)

20. 김치의 장점 (유산균, 성인병, 풍부하다, 예방하다)

21. 숙면하는 방법 (차단하다, 전자기기, 빛, 끄다)

22. 계획의 중요성 (준비하다, 능률, 증가하다, 미리)

23. 빌보드 차트 (인기 순위, 미국, 발표하다, 대중음악)

24. 눈가 주름의 예방법 (바르다, 선글라스, 활용하다, 보습크림)

25. 성공의 조건 (재능, 타고나다, 후천적, 뒷받침하다, 노력)

26. 지구온난화 (산림, 파괴하다, 온실가스, 기온, 상승하다)

27. 충치 예방법 (탄산음료, 줄이다, 양치질, 자주, 설탕)

28. 욜로족 (신조어, 현재, 행복, 중요하다, 여기다)

29. 화재 신고 (119, 알리다, 위치, 상황, 설명하다)

30. 관절염 (관절, 염증, 유발하다, 통증, 붓다)

31. 입춘의 의미 (겨울, 끝나다, 시작하다, 봄, 따뜻하다)

32. 위성도시 (대도시, 위치하다, 기능, 주변, 분담하다)

33. 친환경 자동차 (기름, 사용하다, 전기, 수소, 주행하다)

34. 지진 대피법 (보호하다, 탁자, 아래, 차단하다, 가스)

35. 신용카드의 장점 (할부, 결제하다, 할인, 받다, 혜택)

36. 성탄절 (예수 그리스도, 탄생, 기념하다, 교회, 축하하다)

10. 공통점 및 차이점 설명 (☞ 과제 실시 방법 p. 155)

1. 서점 / 도서관

공통점:

차이점:

2. 버스 / 지하철

공통점:

차이점:

3. 바나나 / 딸기

공통점:

차이점:

4. 여름 / 겨울

공통점:

차이점:

5. 강 / 바다

공통점:

차이점:

6. 학교 / 학원

공통점:

차이점:

7. 태풍 / 가뭄

공통점:

차이점:

8. 숟가락 / 젓가락

공통점:

차이점:

9. 형광등 / 손전등

공통점:

차이점:

10. 장화 / 슬리퍼

공통점:

차이점:

11. 어린이날 / 어버이날

공통점:

차이점:

12. 영국 / 프랑스

공통점:

차이점:

13. 밀가루 / 쌀

공통점:

차이점:

14. 우산 / 비옷

공통점:

차이점:

15. 커피 / 녹차

공통점:

차이점:

16. 목걸이 / 반지

공통점:

차이점:

17. 형제 / 자매

공통점:

차이점:

18. 육군 / 해군

공통점:

차이점:

19. 피아노 / 기타

공통점:

차이점:

20. 어업 / 농업

공통점:

차이점:

11. 관용어 설명 (☞ 과제 실시 방법 p. 156)

1. 발이 넓다.

정의:

예문:

2. 진땀을 빼다.

정의:

예문:

3. 손이 크다.

정의:

예문:

4. 꿈자리가 사납다.

정의:

예문:

5. 귀에 못이 박히다.

정의:

예문:

6. 토를 달다.

정의:

예문:

7. 목이 잠기다.

정의:

예문:

8. 입이 심심하다.

정의:

예문:

9. 새빨간 거짓말

정의:

예문:

10. 고주망태가 되다.

정의:

예문:

11. 속이 부대끼다.

정의:

예문:

12. 간이 크다.

정의:

예문:

13. 등골이 빠지다.

정의:

예문:

14. 귀를 기울이다.

정의:

예문:

15. 손에 땀을 쥐다.

정의:

예문:

16. 코 묻은 돈

정의:

예문:

17. 입맛에 맞다.

정의:

예문:

18. 눈 깜짝할 사이

정의:

예문:

19. 손에 잡힐 듯하다.

정의:

예문:

20. 수박 겉핥기

정의:

예문:

21. 머리에 털 나고

정의:

예문:

22. 물심양면으로

정의:

예문:

23. 나잇값을 하다.

정의:

예문:

24. 엄살을 부리다.

정의:

예문:

25. 게 눈 감추듯

정의:

예문:

26. 빼도 박도 못하다.

정의:

예문:

27. 죽기 살기로

정의:

예문:

28. 정신이 팔리다.

정의:

예문:

29. 오지랖이 넓다.

정의:

예문:

30. 국물도 없다.

정의:

예문:

제6장

담화 산출

1. 그림 설명
2. 이야기 회상 산출
3. 절차담화 산출
4. 기능적 구성
5. 기사문에 대한 토론
6. 주제에 대한 토론
7. 독백

과제 실시 방법

1. 그림 설명

☞ pp. 236–245

1. 임상가는 대상자에게 장면 그림을 제시하고, 그림에서 어떤 일이 일어나고 있는지에 대하여 말하도록 합니다.
2. 대상자가 단어들만 나열하는 경우에는 문장으로 말하도록 유도합니다.
3. 대상자가 그림의 일부분만 설명하는 경우에는 다른 부분도 설명하도록 유도합니다.

2. 이야기 회상 산출

☞ pp. 246–251

1. 임상가는 대상자에게 이야기를 들려주고, 이를 다시 회상하여 말하도록 합니다. 이때 이야기의 필수 문법인 사건, 시도, 결과를 포함하여 말하도록 유도합니다.
2. 대상자가 자발적으로 이야기를 회상하지 못할 경우, 각 문장의 핵심어를 제공하여 이야기를 회상할 수 있도록 유도합니다.

3. 절차담화 산출

☞ pp. 252–261

1. 임상가는 대상자에게 6컷의 그림을 제시하고, 사건들을 순서대로 설명하도록 합니다.
2. 대상자가 자발적으로 이야기를 시작하지 못할 경우, 임상가는 첫 어절을 단서로 들려주어 대상자가 스스로 이야기를 시작할 수 있도록 유도합니다.
3. 대상자가 이야기를 이어가지 못할 경우, 질문 단서를 활용하여 이야기를 이어갈 수 있도록 유도합니다. 예 곰이 나타나서 어떻게 했나요?

4. 기능적 구성

☞ pp. 262–272

1. 임상가는 대상자에게 목표 활동을 제시하고, 이를 절차적인 순서에 따라서 말하도록 합니다.
2. 대상자가 자발적으로 기능적 구성을 하지 못할 경우, 보기 문장을 제시하고 순서화 및 기능적 구성을 할 수 있도록 유도합니다.

5. 기사문에 대한 토론 ☞ pp. 273-282

1. 임상가는 대상자에게 기사문을 제시하고, 이를 소리 내어 유창하게 읽도록 유도합니다.
2. 확인 질문을 하여 기사문의 내용을 이해하였는지 확인합니다.
3. 토론 질문을 통해 교대하기, 주제 유지, 의견 표현 등을 유도합니다.

6. 주제에 대한 토론 ☞ pp. 283-284

1. 임상가는 대상자에게 토론 주제를 제시하고, 찬성 혹은 반대 의견을 말하도록 합니다.
2. 임상가는 대상자와 상반되는 의견을 말하며, 토론을 이어갈 수 있도록 유도합니다.

   예 임상가) 65세 이상의 노인이 운전하는 것에 대해 어떻게 생각하나요?

   대상자) 괜찮다고 봅니다. 노인들은 거동이 불편한 경우가 많은데, 운전을 할 수 있다면 편리하게 이동할 수 있기 때문입니다.

   임상가) 거동이 불편한 노인들에게 편리하겠다는 생각이 드네요. 다만, 고령 노인들의 경우 시력 저하와 같은 기능 저하로 교통사고의 위험이 더욱 높을 것으로 생각되는데, 이 부분에 대해서는 어떻게 생각하시나요?

7. 독백 ☞ pp. 285-286

1. 임상가는 대상자에게 독백 주제를 제시하고, 10문장 이상으로 말하도록 합니다.
2. 대상자가 자발적으로 독백을 이어가지 못할 경우, 주제에 대한 마인드맵을 구성한 뒤 다시 독백을 이어가도록 유도합니다.

   예

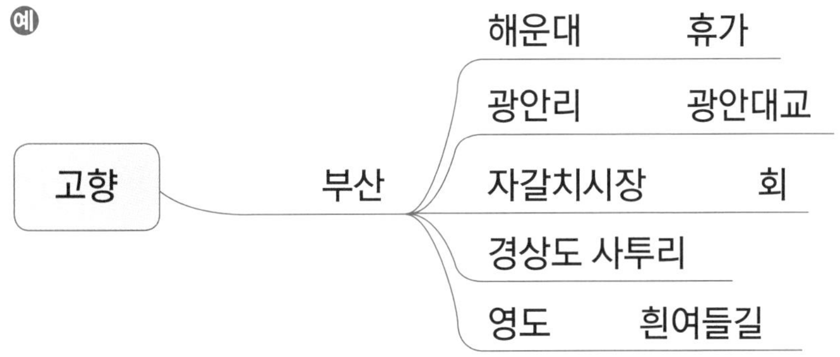

1. 그림 설명 (☞ 과제 실시 방법 p. 234)

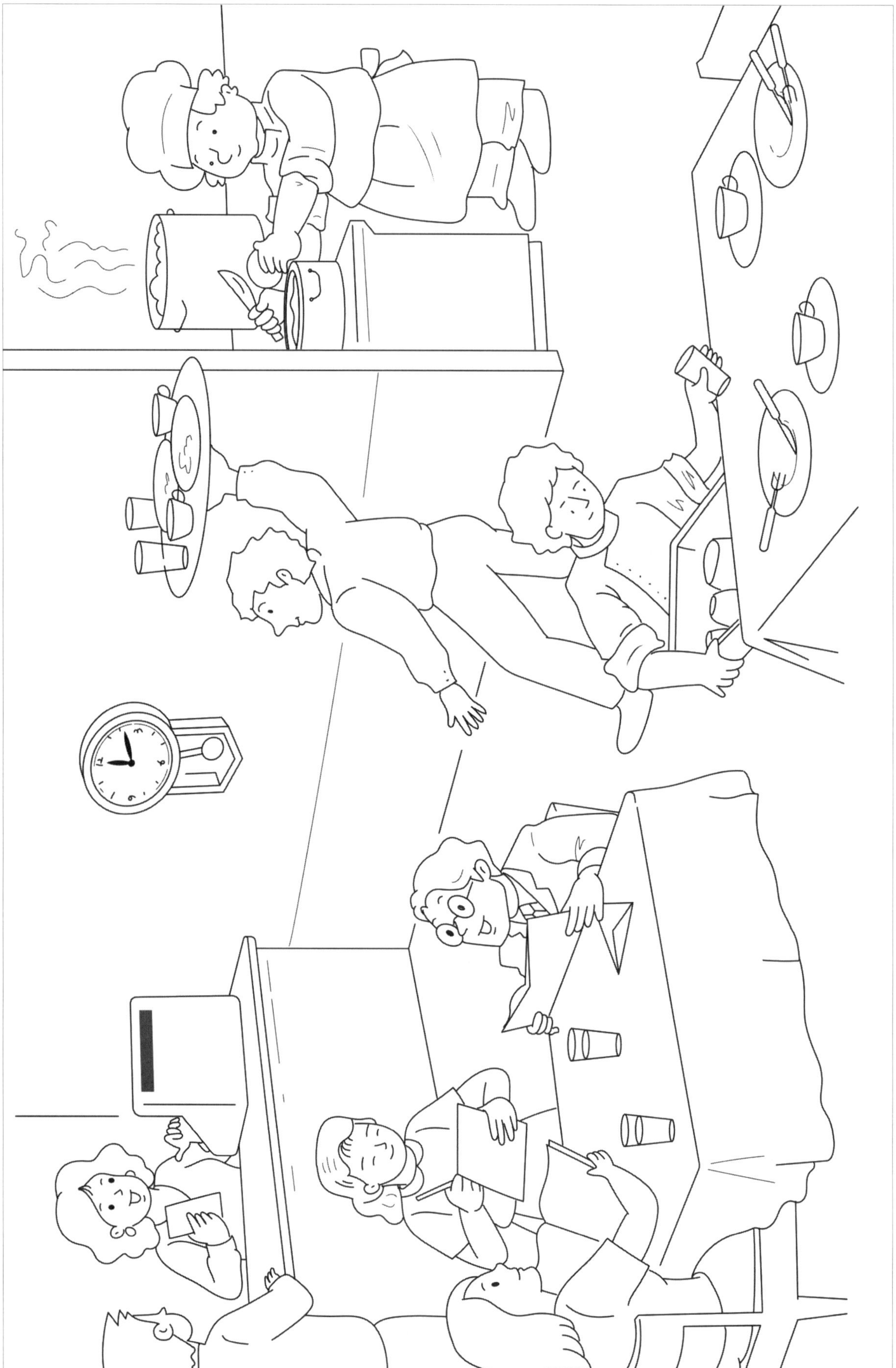

● 1. 그림 설명

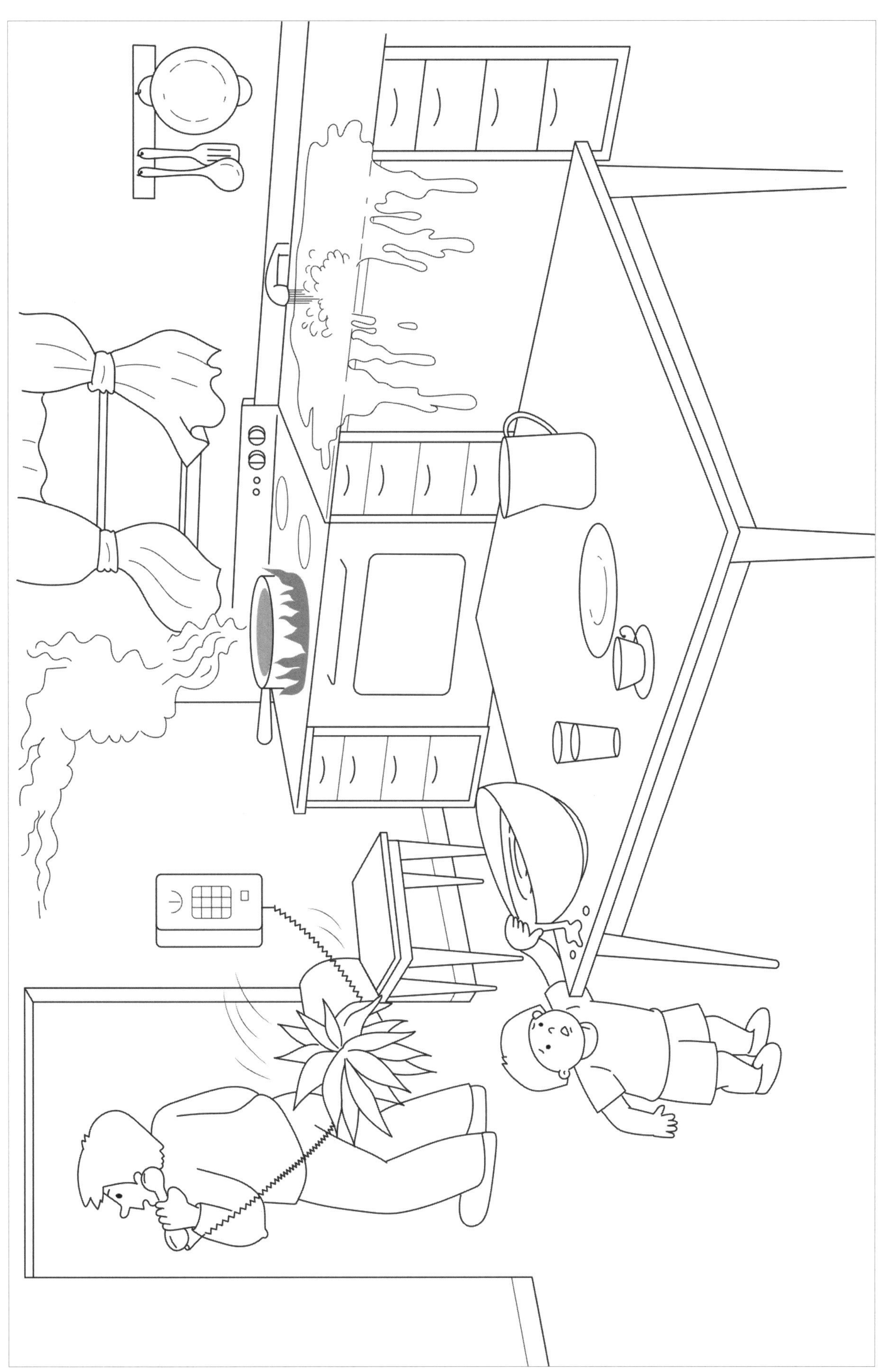

● 1. 그림 설명

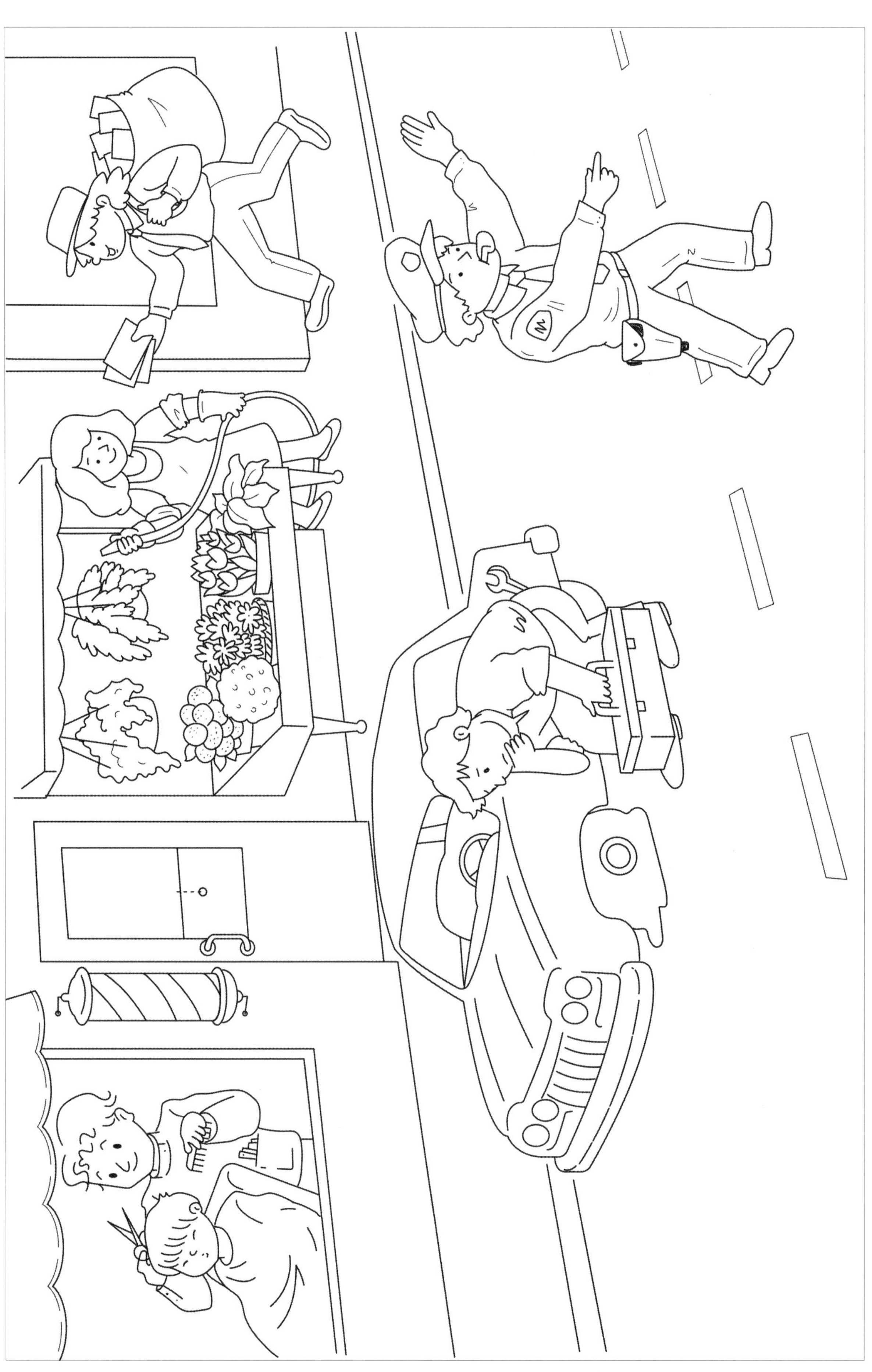

● 1. 그림 설명

● 1. 그림 설명

● 1. 그림 설명

● 1. 그림 설명

● 1. 그림 설명

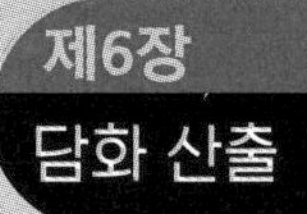
제6장
담화 산출

2. 이야기 회상 산출 (☞ 과제 실시 방법 p. 234)

1. 폭설로 눈이 무릎까지 쌓였다. 그래서 지하철을 타고 출근했다.
다행히 정시에 도착할 수 있었다.

2. 집에 도둑이 들었다. 그래서 경찰에 신고했다.
3일 만에 도둑을 체포했다.

3. 오후에 소나기가 내렸다. 옥상에 널어놓은 이불이 흠뻑 젖었다.
햇볕이 나서 다시 말렸다.

4. 숲속에 불이 났다. 소방 헬기가 출동해서 화재를 진압했다.
다행히 인명 피해는 없었다.

5. 오늘 시험을 봤다. 최선을 다해서 문제를 풀었다.
그래서 90점을 맞았다.

6. 바지에 구멍이 났다. 그래서 어머니께 바느질을 부탁했다.
어머니는 구멍을 꼼꼼하게 꿰맸다.

7. 천장에서 큰 소리가 들렸다. 인터폰으로 경비실에 알렸다.
경비원이 윗집에 주의하라고 했다.

8. 종아리에 쥐가 났다. 그래서 손으로 종아리를 주물렀다.
하지만 나아지지 않았다.

9. 흙탕물이 자동차에 잔뜩 튀었다. 곧장 세차장으로 향했다. 그런데 오늘은 휴무라 세차를 하지 못했다.

10. 탁자에 있던 리모컨이 사라졌다. 리모컨을 찾으려고 집 안을 둘러보았다. 그런데 강아지가 리모컨을 물고 있었다.

11. 오늘은 한국과 일본의 축구경기가 있는 날이다. 후반전에 손흥민 선수가 역전 골을 넣었다. 마침내 한국팀이 승리했다.

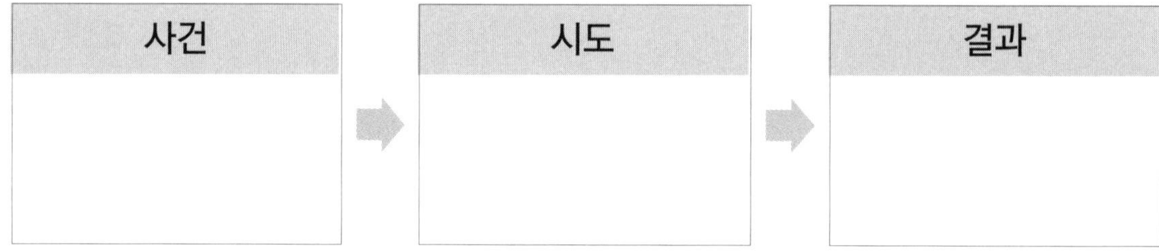

12. 기온이 영하로 떨어졌다. 그래서 외출할 때는 두꺼운 외투를 입었다. 하지만 감기에 걸리고 말았다.

13. 해수욕장에서 일광욕을 즐기고 있었다. 그때 친구가 다가와 인사를 했다. 나도 반갑게 인사를 했다. 우리는 같이 보트를 타기로 했다. 보트를 타는데 소나기가 내렸다.

14. 나는 태국에서 태어났다. 다섯 살이 되던 무렵 미국으로 이민을 갔다. 나는 영어를 몰랐기 때문에 많은 어려움이 있었다. 그래서 학교를 마치면 매일 영어를 배우러 갔다. 10년이 지난 지금은 친구들도 많이 생기고 학업도 잘 헤쳐 나가고 있다.

15. 냉장고가 고장이 났다. 그래서 오늘 가전제품 매장에 냉장고를 보러 갔다. 직원은 삼성 냉장고를 추천했지만, 나는 LG 냉장고를 사고 싶었다. LG 냉장고가 더 저렴했기 때문이다. 이틀 뒤에 집으로 배송이 되었다.

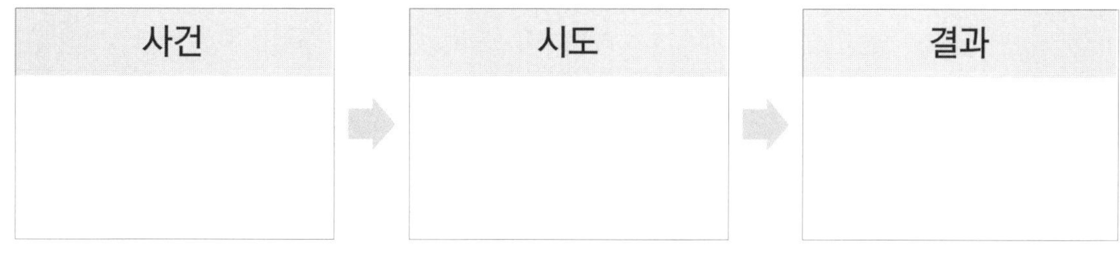

16. 전국에 단풍이 예쁘게 물들었다. 나는 설악산으로 단풍 구경을 하러 가기로 했다. 그런데 추돌사고로 고속도로가 정체되었다. 결국, 나는 다시 집으로 돌아왔다. 아쉬운 마음이 들었다.

17. MZ세대인 지영 씨는 요즘 퇴사를 고민 중이다. 상사와 갈등이 자주 생기기 때문이다. 결국, 지영 씨는 이직을 결심하고 사직서를 냈다. 사직서를 내고 나니 후련한 마음이 들었다.

18. 준수 씨는 건강검진 결과를 들었다. 비만으로 진단받았고, 고지혈증이 의심된다고 하였다. 그래서 준수 씨는 헬스장을 등록했다. 3개월 후 15kg을 감량하였다. 표준 체중이 되어 안도의 한숨을 쉬었다.

19. 대학생 가수 오디션이 열린다. 나도 오디션에 참가하기로 하였다. 노래방에서 매일 2시간씩 연습을 했다. 그 결과 1차 오디션에 합격하였다. 가족의 축하를 받고 무척 감격스러웠다.

20. 다음 주에 이사를 한다. 짐이 많아서 포장이사를 하기로 했다. 그래서 이삿짐센터 여러 곳을 알아봤다. 사다리차를 지원하는 이삿짐센터를 이용하기로 했다. 이사를 갈 생각에 설렜다.

21. 농부와 세 아들이 살고 있었다. 농부는 죽음을 앞두고 아들들에게 유언을 남겼다. 유언은 '땅속에 보물을 숨겼다.'였다. 아들들은 보물을 찾기 위해 매일 땅을 팠다. 보물은 없었지만 일궈낸 땅에서 곡식이 실하게 자랐다. 농부의 유언을 이해한 아들들은 감사의 눈물을 흘렸다.

3. 절차담화 산출 (☞ 과제 실시 방법 p. 234)

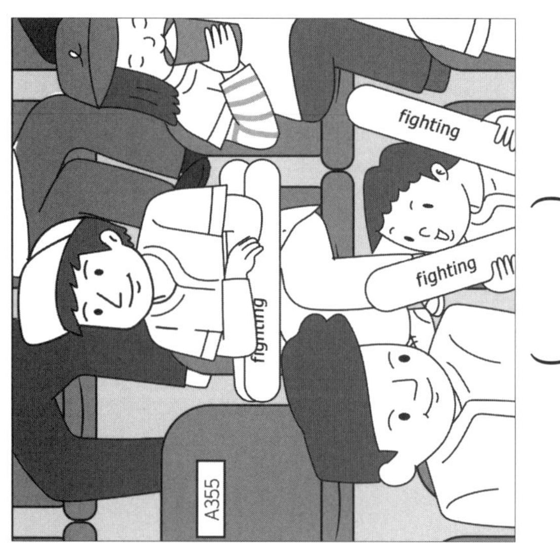

( )

( )

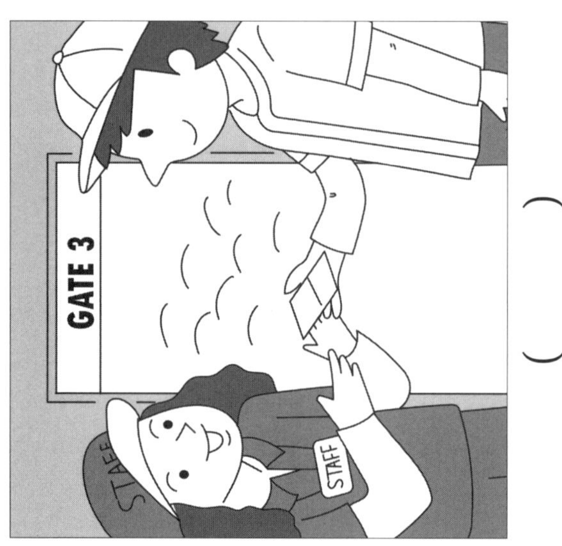

( )

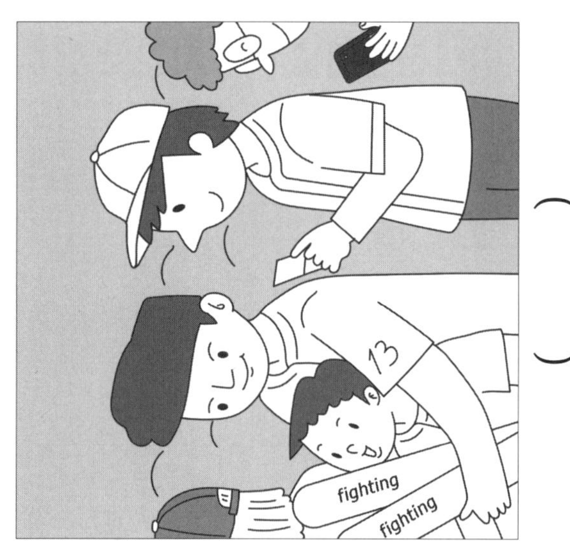

( )

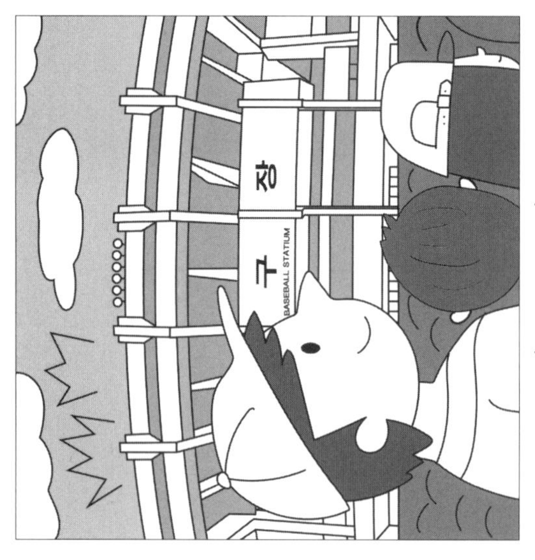

( )

( )

F
E

(　　)

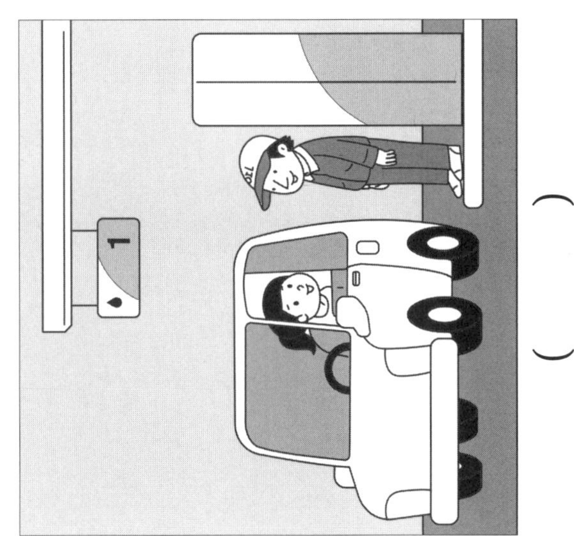
1

(　　)

(　　)

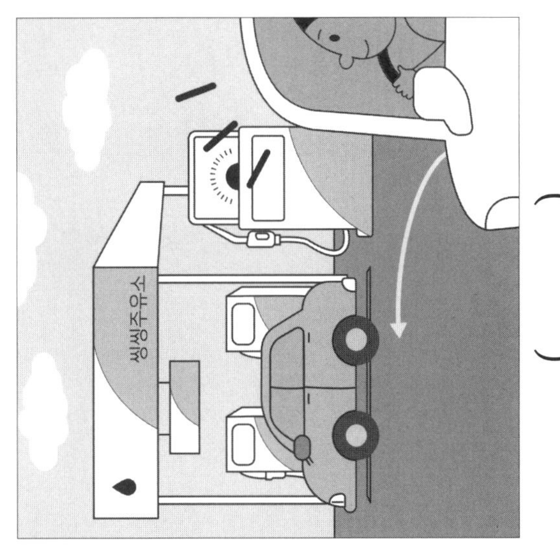
씽씽주유소

(　　)

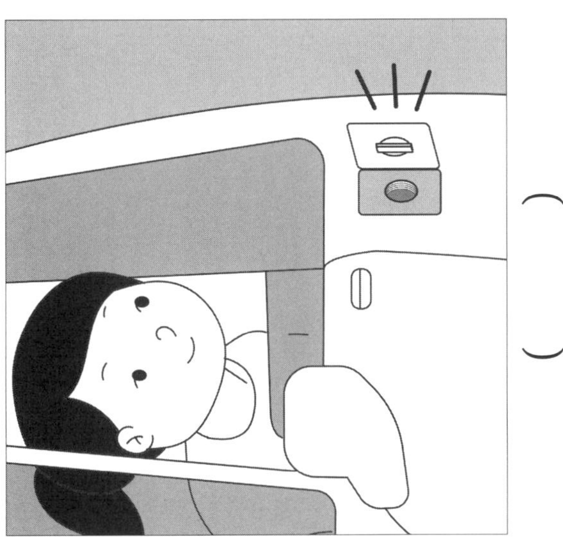

(　　)

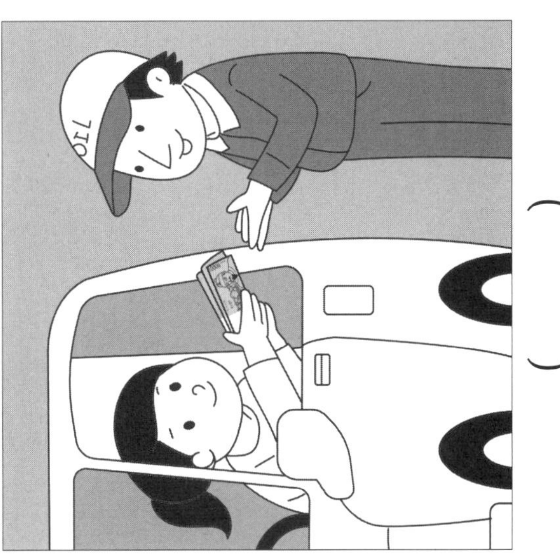

(　　)

(　　)

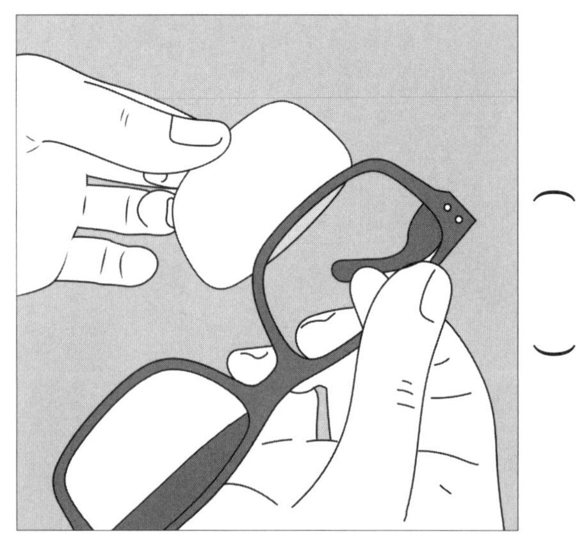

(　　)

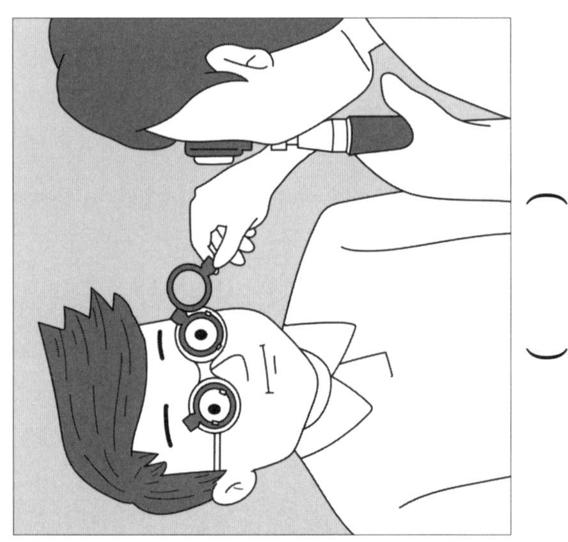

(　　)

sunglasses

(　　)

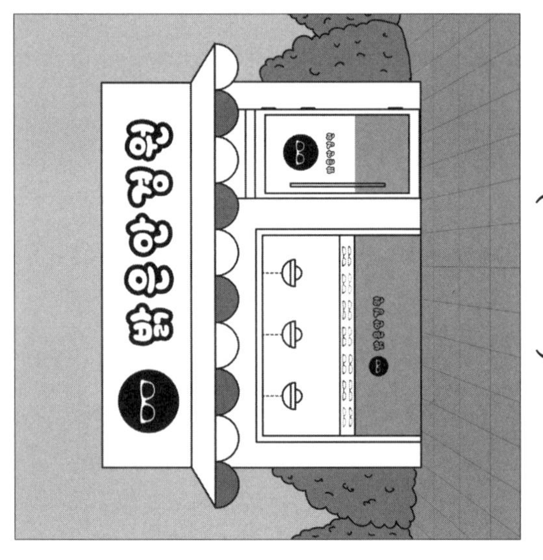
밝은안경

(　　)

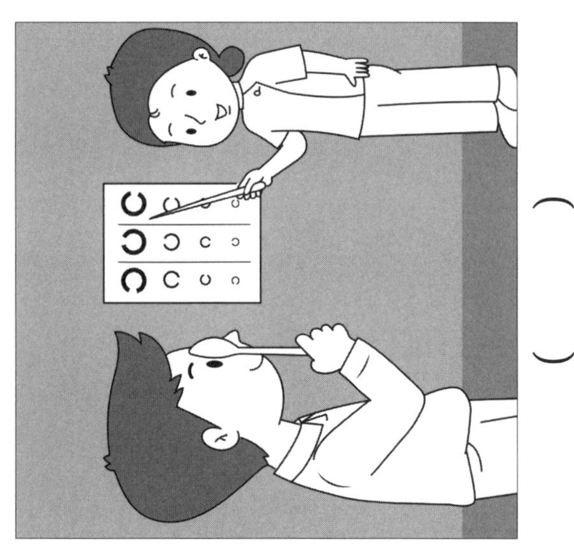

(　　)

● 3. 절차담화 산출

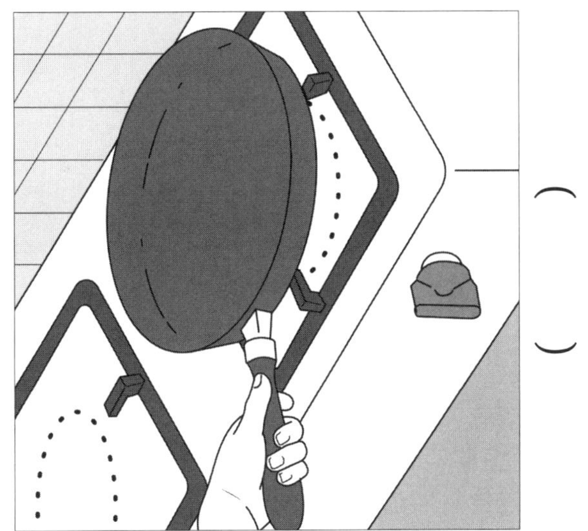
(　　)

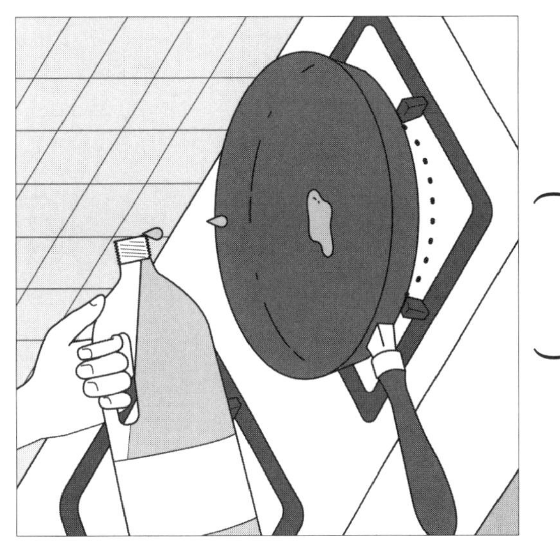
(　　)

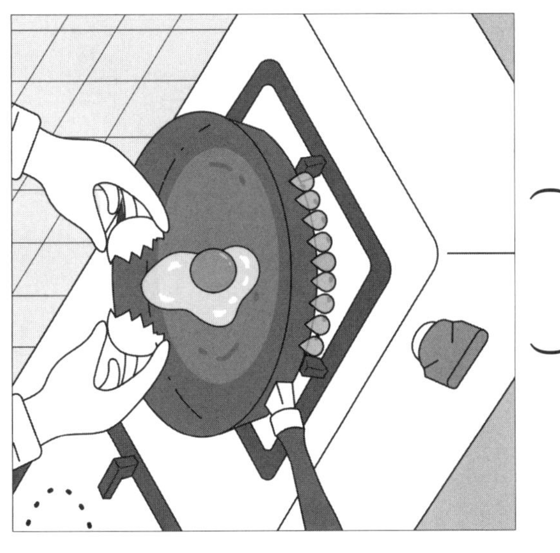
(　　)

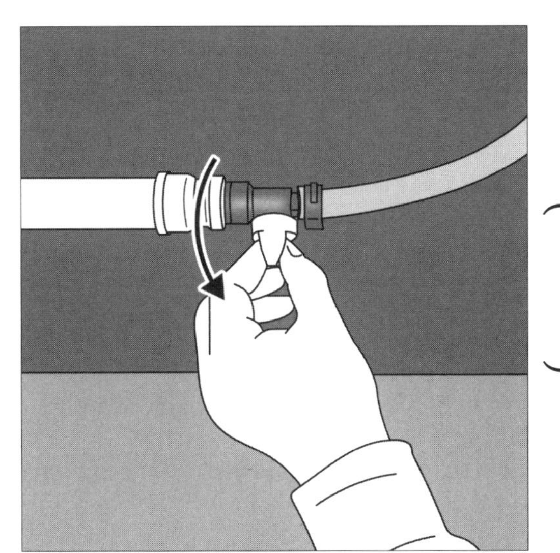
(　　)

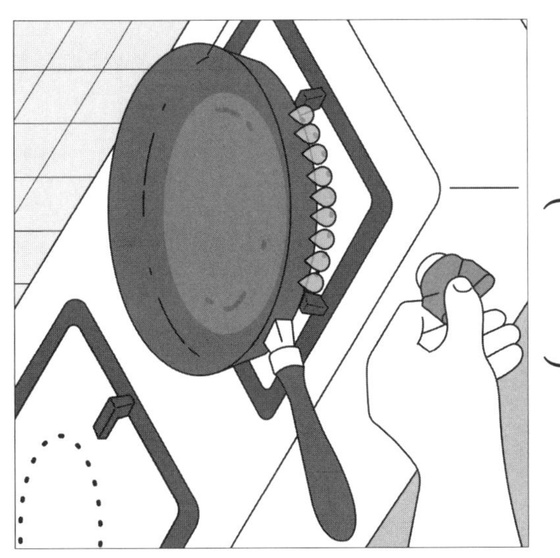
(　　)

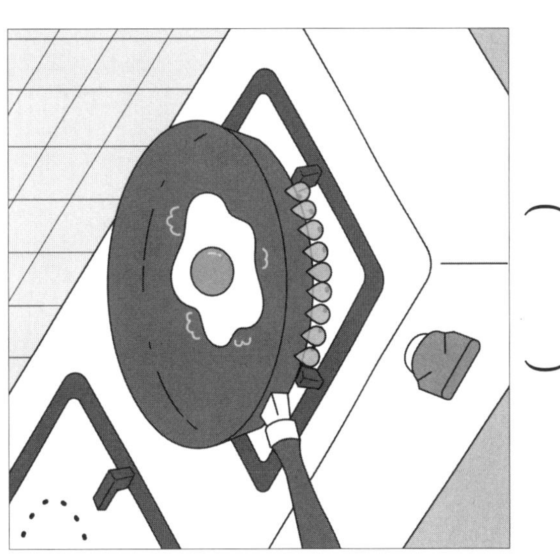
(　　)

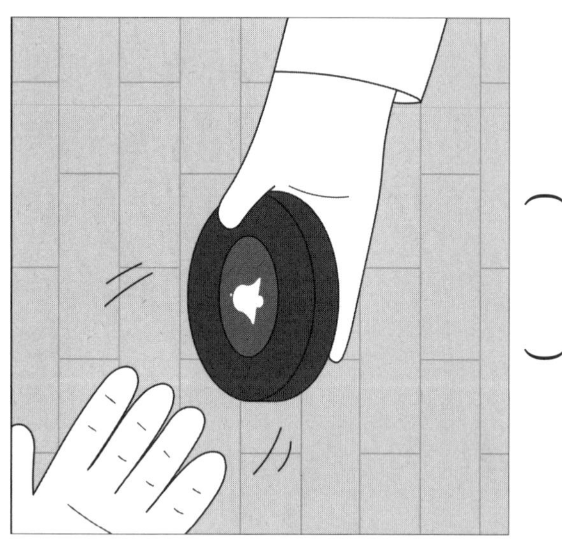

(   )

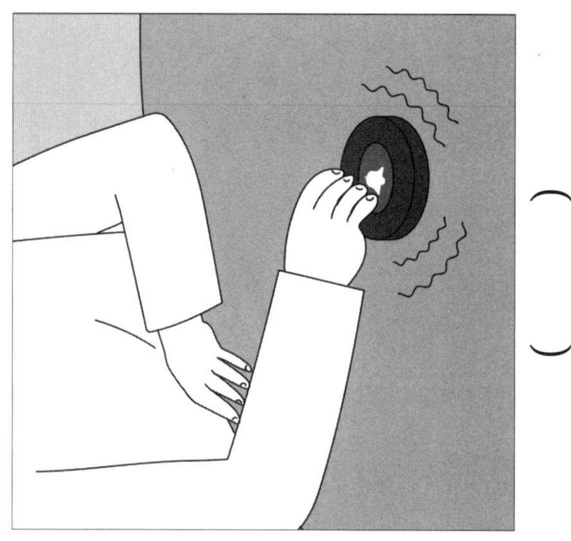

(   )

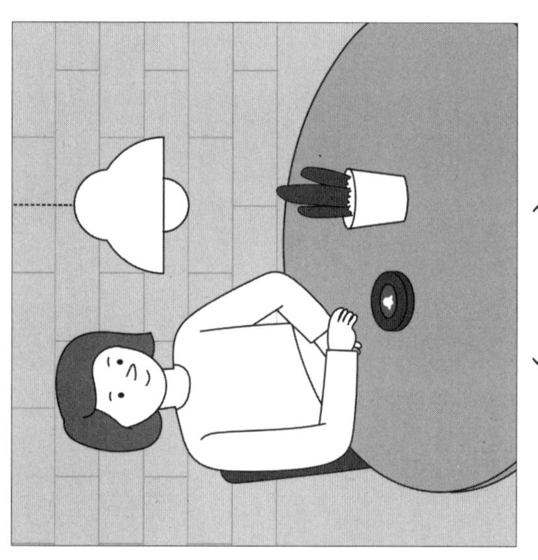

(   )

(   )

coffee Green
그린 커피
open

(   )

메뉴
coffee Green

(   )

● 3. 절차담화 산출

( )

( )

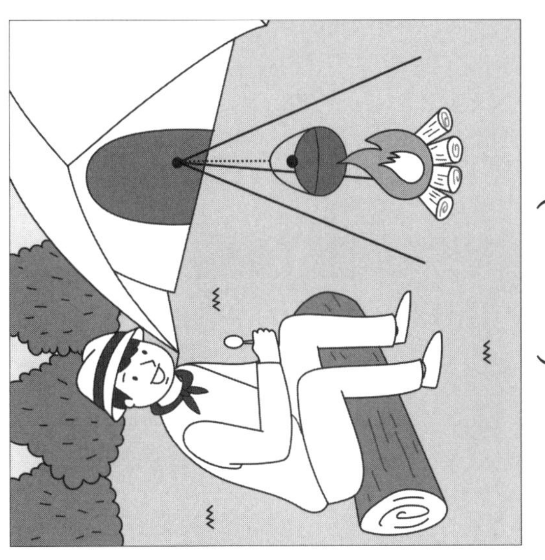

( )

( )

( )

( )

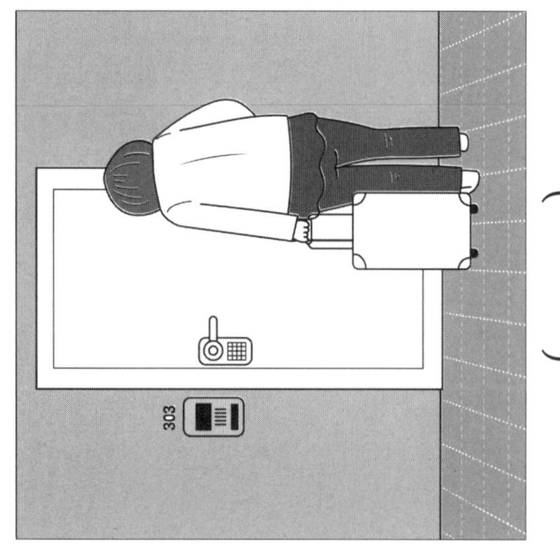
303

( )

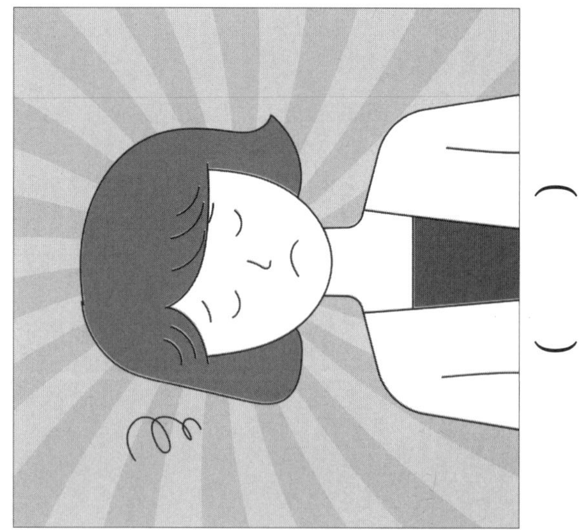

( )

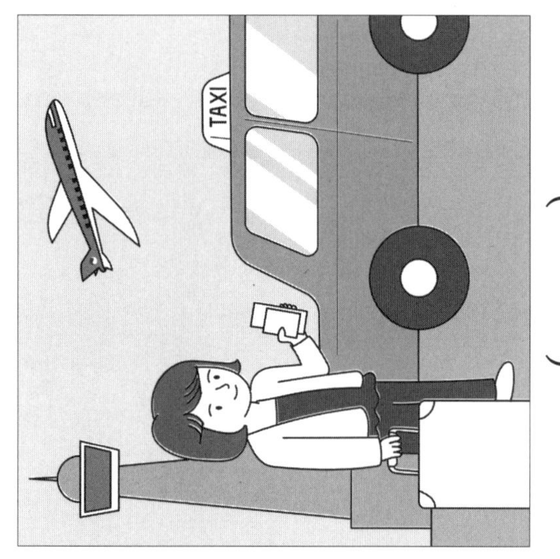
TAXI

( )

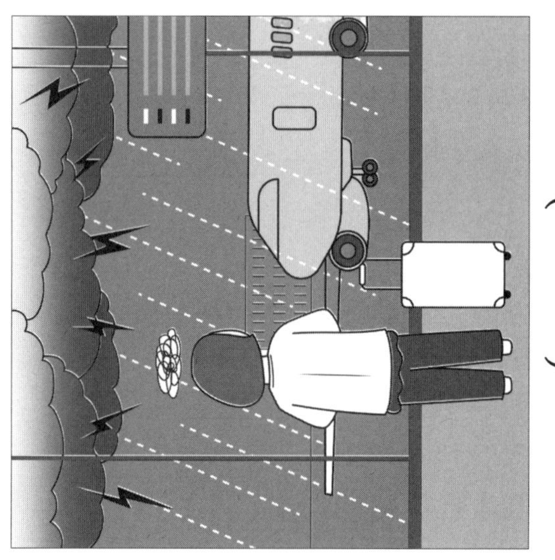

( )

( )

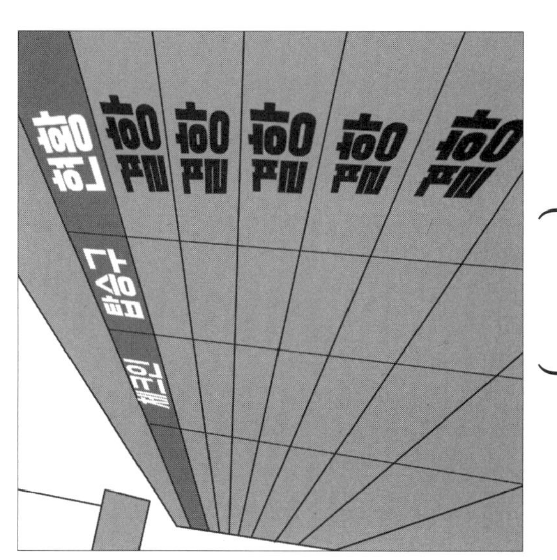

( )

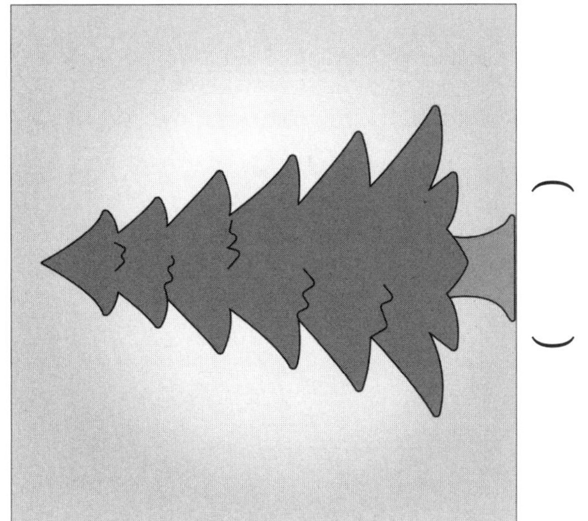

( )

( )

( )

( )

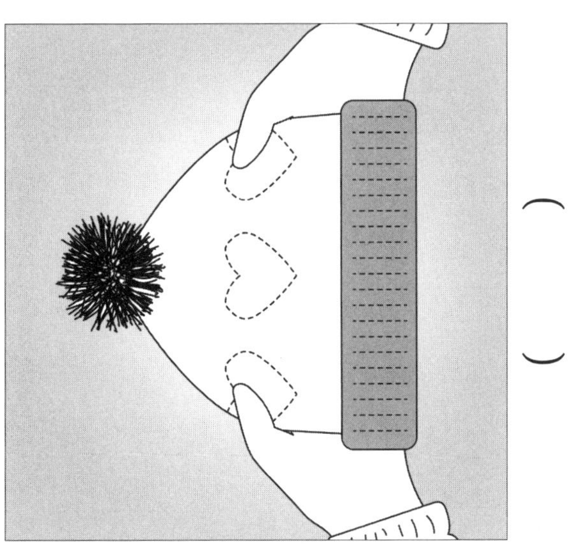

( )

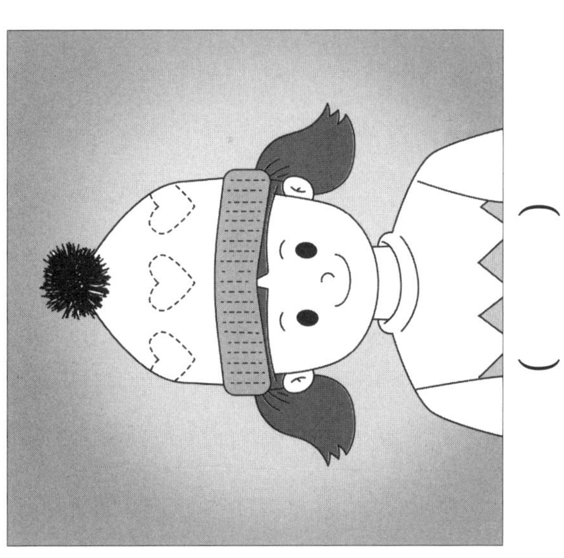

( )

월요일…
SUN 6:40

(　　)

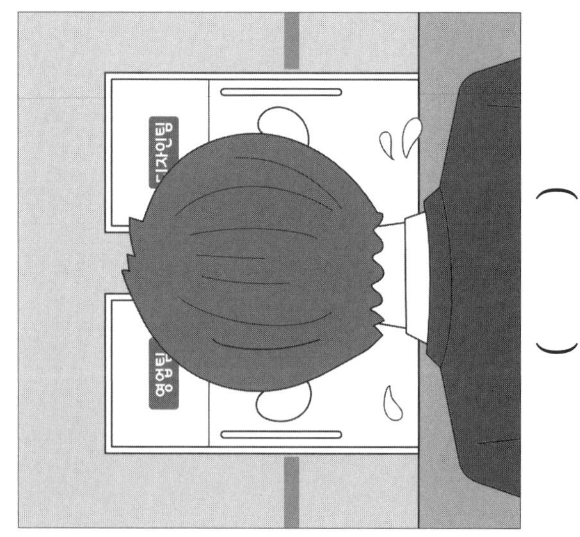
디자인팀
영업팀

(　　)

……?

(　　)

TAXI

(　　)

(　　)

(　　)

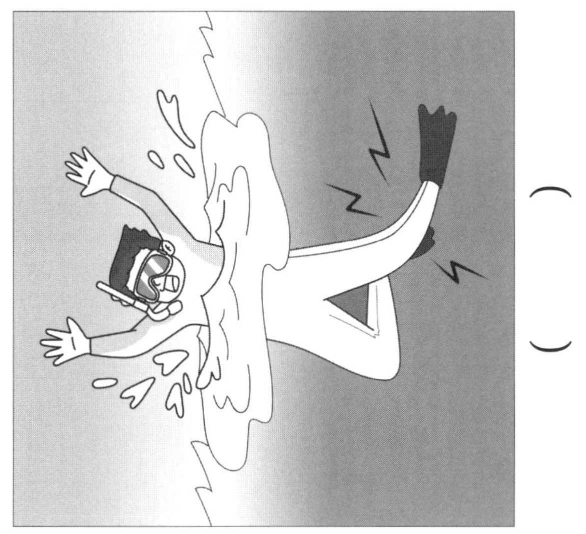
(　)

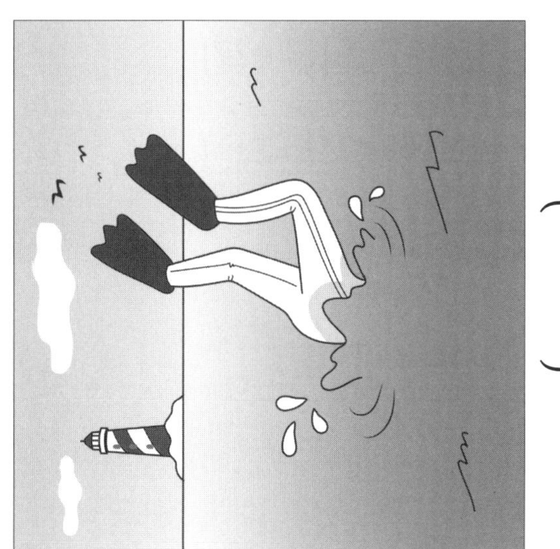
(　)

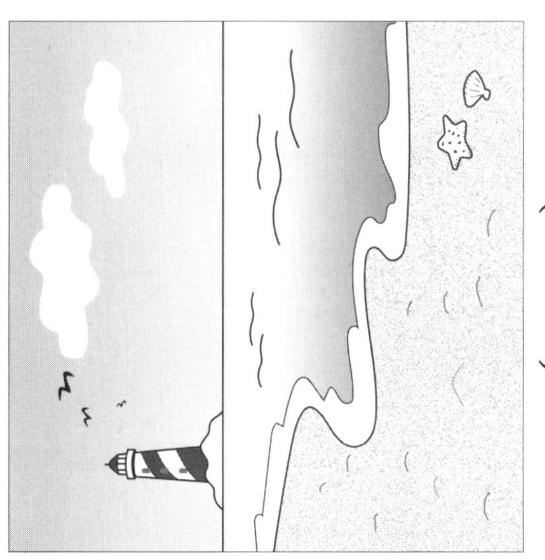
(　)

(　)

(　)

(　)

4. 기능적 구성 (☞ 과제 실시 방법 p. 234)

1. 나무 심기

- 나무를 심는다. (   )
- 땅을 판다. (   )
- 물을 준다. (   )

2. 소화기 사용법

- 방향을 조절한다. (   )
- 분사한다. (   )
- 핀을 뽑는다. (   )

3. 녹차 우리기

- 티백을 넣는다. (   )
- 물을 끓인다. (   )
- 물을 붓는다. (   )

4. 헬스장 등록하기

- 헬스장에 간다. (　　　　　　)
- 이용료를 결제한다. (　　　　　　)
- 직원과 상담한다. (　　　　　　)

5. 주유하기

- 주유구를 연다. (　　　　　　)
- 기름을 넣는다. (　　　　　　)
- 주유구에 노즐을 넣는다. (　　　　　　)

6. 빨래하기

- 세탁기에 빨래를 넣는다. (　　　　　　)
- '시작' 버튼을 누른다. (　　　　　　)
- 세제를 넣는다. (　　　　　　)

7. 달리기 경기

- 결승점을 향해 달린다. (   )
- 출발 자세를 한다. (   )
- 준비 운동을 한다. (   )

8. 노래 부르기

- 노래번호를 입력한다. (   )
- 노래를 부른다. (   )
- 노래번호를 찾는다. (   )

9. 커피 주문하기

- 커피값을 지불한다. (   )
- 커피를 주문한다. (   )
- 메뉴판을 확인한다. (   )

10. 장보기

- 마트에 간다. (　　　　　)
- 물건을 고른다. (　　　　　)
- 돈을 낸다. (　　　　　)
- 계산대로 간다. (　　　　　)

11. 옷 사기

- 옷가게에 간다. (　　　　　)
- 옷을 입어 본다. (　　　　　)
- 옷을 고른다. (　　　　　)
- 계산한다. (　　　　　)

12. 출국하기

- 수하물을 부친다. (　　　　　)
- 공항으로 간다. (　　　　　)
- 출국 심사를 받는다. (　　　　　)
- 비행기에 탑승한다. (　　　　　)

13. 이메일 보내기

- '보내기' 버튼을 클릭한다. (   )
- 제목을 입력한다. (   )
- 내용을 입력한다. (   )
- 인터넷에 접속한다. (   )

14. 병원 이용하기

- 진찰을 받는다. (   )
- 접수한다. (   )
- 기다린다. (   )
- 처방전을 받는다. (   )

15. 이사 가기

- 트럭에 이삿짐을 싣는다. (   )
- 이삿짐을 내린다. (   )
- 이사 갈 곳으로 출발한다. (   )
- 상자에 이삿짐을 정리한다. (   )

16. 인터넷 강의 듣기

- 강의를 듣는다. ( )
- 로그인을 한다. ( )
- 강의 사이트에 접속한다. ( )
- 재생 버튼을 클릭한다. ( )

17. 결혼식

- 양가 어머니가 입장한다. ( )
- 신부가 아버지와 입장한다. ( )
- 신랑이 입장한다. ( )
- 신랑과 신부가 함께 퇴장한다. ( )

18. 수능시험 치기

- 시험지를 받는다. ( )
- 좌석을 확인하고 앉는다. ( )
- 책상 위의 소지품을 정리한다. ( )
- 시험지를 제출한다. ( )

19. 재활치료 받기

- 치료실로 방문한다. (   )
- 이름과 생년월일을 말한다. (   )
- 치료비를 수납한다. (   )
- 재활치료를 받는다. (   )

20. 고기 굽기

- 불을 켠다. (   )
- 고기를 올린다. (   )
- 고기를 굽는다. (   )
- 불판을 올린다. (   )

21. 엘리베이터 이용하기

- 버튼을 누르고 기다린다. (   )
- 엘리베이터에 탄다. (   )
- 층수를 누른다.(   )
- 엘리베이터에서 내린다. (   )

1. 미역국 끓이기

2. 지하철 타기

3. 도서관 이용하기

4. 택배 보내기

5. 미용실 이용하기

6. 샌드위치 만들기

7. 영화관 이용하기

8. 식당 이용하기

9. 출근 준비하기

10. 음악 듣기

11. 택시 이용하기

12. 문자 보내기

13. 세탁소 이용하기

14. 어항 만들기

15. 모종 심기

16. 약국 이용하기

17. 사우나 이용하기

18. 배달 음식 주문하기

19. 패스트푸드점 이용하기

20. 투표하기

21. 차례 지내기

22. 안경 맞추기

23. 설거지하기

24. 계좌 개설하기

5. 기사문에 대한 토론 (☞ 과제 실시 방법 p. 235)

1. 현존하는 세계 최장수 거북이인 조나단이 올해로 공식 나이 190살을 맞이했다. 인류 역사의 격변기를 지나오면서도 조나단의 최대 관심사는 오직 먹고, 자고, 짝을 찾는 것뿐이었다. 1832년경에 태어난 것으로 추정되는 조나단의 서식지는 나폴레옹의 유배지로도 유명한 남대서양 세인트헬레나섬이다. 조나단의 단단한 등껍질도 세월의 풍파로부터 조나단을 온전히 지켜 내기엔 역부족이었다. 조나단은 현재 노화로 시각과 후각을 상실했다. 이에 먹이도 담당 수의사가 손으로 전해 줘야 하는 상태로 전해졌다. 다만, 여전히 우수한 청력을 유지하고 있어 담당 수의사의 목소리를 잘 알아들으며 생기가 넘친다고 기네스 세계기록은 전했다. (268음절)

(뉴시스, 2022. 01. 27.)

확인 질문

1. 조나단은 몇 살인가요?

2. 조나단은 어디서 태어났나요?

3. 조나단은 어떤 기능을 상실했나요?

토론 질문

1. 반려동물로 거북이를 키우는 것에 대해 어떻게 생각하나요?

2. 인간이 190살까지 살 수 있게 된다면 어떤 일이 생길까요?

2. 장수 노인들은 흔히 비결로 소식과 낙천적 성격을 거론한다. 적게 먹고 스트레스를 덜 받는 것이다. 나이 들면 소식이 필요하다는 것을 몸으로 체감한다. 과식하면 오랫동안 부대끼기 때문이다. 중년 이상이 되면 소식을 할 수밖에 없는 과학적 이유를 살펴보자. 음식을 먹어 포만감이 뇌에 전달되는 시간은 20분 정도다. 과식을 해도 금세 포만감이 느껴지지 않는 이유다. 음식을 가급적 오래 씹어 보자. 소화에 좋고 전체 식사 속도를 늦춰 뇌가 포만감을 느낄 시간을 주게 된다. 흰 빵과 과자 등 단순당이 많이 든 음식은 빠른 혈당 상승을 불러온다. 이는 공복감을 느끼게 해 과식을 유발할 수 있다. 하루 세 끼를 고수하기보다는 배고플 때마다 조금씩 자주 먹는 것도 대안이 될 수 있다. (279음절)

(코메디닷컴, 2022. 02. 26.)

확인 질문

1. 장수 노인들의 비결은 무엇인가요?

2. 음식을 먹은 후 포만감이 뇌에 전달되는 시간은 몇 분인가요?

3. 어떤 음식들이 빠르게 혈당 상승을 일으키나요?

토론 질문

1. 소식에 대해 어떻게 생각하나요?

2. 건강하게 장수하는 방법에는 무엇이 있을까요?

3. 주택담보대출(주담대) 만기를 5년 이상 더 늘린 40년 초장기 주담대 상품이 속속 등장하고 있다. 대출 규제와 금리 상승에 가계대출이 줄자 은행들이 대출 문턱을 낮추기 위해 만기를 늘리는 카드를 꺼내든 것이다. 주담대 만기가 40년으로 늘어나면 원금을 더 잘게 쪼개 낼 수 있어 매달 갚아야 하는 원리금 부담을 덜 수 있다. 내야 할 전체 이자가 늘긴 해도 월 부담은 가벼워진다는 얘기다. 또 대출 기간이 늘면 원리금 상환액을 연 소득으로 나눈 비율인 DSR(총부채원리금상환비율)이 낮아져 대출 한도도 늘어나게 된다. 한편, 한 연구위원은 "장기 상품일수록 초기에 내는 이자 부분이 크고 원금 상환되는 부분이 많지 않거든요. 이런 부분에 대해 정확히 알고 선택해야 합니다."라고 하였다. (288음절)

(한국경제TV, 2022. 04. 26.)

확인 질문

1. 어떤 대출에 관한 이야기인가요?
2. 대출 만기일을 최대 몇 년까지 늘린다고 하였나요?
3. 대출 장기 상품일수록 초기에 어떤 부분을 더 많이 내야 하나요?

토론 질문

1. 대출 기한을 늘리는 것에 대해 어떻게 생각하나요?
2. 한국에서의 내 집 마련에 대해 어떻게 생각하나요?

4. 롯데백화점이 업계 최초로 영어유치원을 오픈해 MZ세대 부모들 사이에서 주목을 받고 있다. 롯데백화점은 서울 송파구에 위치한 롯데몰 월드점에 프리미엄 영어유치원 '크레버스 키즈 1호점'의 문을 열었다. 크레버스 키즈는 영어전문학원 청담러닝과 수리전문학원 CMS에듀가 합병해 차린 크레버스 법인에서 선보인 영어유치원이다. 영어뿐 아니라 수학과 금융, 코딩 등을 영어로 진행하는 점이 특징이다. 평일 저녁과 주말에는 5~9세를 대상으로 영어·수학·코딩을 놀이 형태로 진행하는 원데이 클래스도 진행한다. 크레버스 키즈의 수강료는 월 170만 원에 교재비 등을 포함하면 월 200만 원 수준이다. 가격 부담이 있지만 벌써 정원 100명을 초과해 130명까지 등록을 완료했다. (292음절)

(뉴시안, 2022. 03. 02.)

확인 질문

1. 롯데백화점은 무엇을 오픈했나요?
2. 크레버스 키즈는 누구의 주목을 받고 있나요?
3. 크레버스 키즈의 수강료는 월 얼마가 드나요?

토론 질문

1. 롯데백화점이 영어유치원을 운영하는 것에 대해 어떻게 생각하나요?
2. 월 200만 원에 달하는 수강료가 적당한 편이라고 생각하나요?

5. 경북 · 강원 산불 피해가 확산되는 가운데 연예계의 기부 행렬이 이어지고 있다. 방송인 유재석은 희망브리지 전국재해구호협회를 통해 산불 피해로 아픔을 겪는 이재민들을 돕는 데 써 달라며 1억 원을 전했다. 그는 대형 산불 피해 확산 소식을 듣고 긴급 구호 등 피해 지원 명목의 기부를 결정했다. 배우 이종석이 기부한 1억 원은 전소된 가옥을 떠난 이재민들을 위해 이동식 조립 주택 등 임시 주거 시설 마련에 쓰일 전망이다. 경북 · 강원 대형 산불이 닷새째 이어지면서 산불 피해 구역이 하루 전에 비해 더 늘어났고, 지난밤 사이 증가한 수치는 축구장 면적 2만여 개에 달하는 엄청난 넓이다. 당국은 82대의 진화 헬기를 집중 투입해 '선택과 집중'으로 진화에 나설 방침이지만 산불 장기화는 불가피하다는 우려도 나오고 있다. (298음절)

(노컷뉴스, 2022. 03. 08.)

확인 질문

1. 산불은 어느 지역에서 났나요?

2. 산불은 며칠 째 지속되고 있나요?

3. 배우 이종석의 기부금으로 무엇을 했나요?

토론 질문

1. 연예인의 기부에 대해 어떻게 생각하나요?

2. 우리나라의 기부 문화에 대해 어떻게 생각하나요?

6. 충분한 수면 시간 확보가 건강 유지에 중요하다는 건 이제 상식으로 자리 잡았다. 수면 부족이 장기화될 경우 당뇨병, 뇌졸중, 심혈관계 질환 위험이 상승할 수 있다. 때문에 많은 현대인이 부족한 잠을 보충하려 여러 노력을 기울인다. 그러나 '얼마나' 자느냐 만큼이나 '언제' 자느냐도 중요하다는 연구 결과가 있다. 충분한 수면 시간을 확보해도 잠드는 시간이 불규칙할 경우 건강에 악영향을 끼칠 수 있다는 것이다. 미국 노트르담 대학교 연구팀은 대학생 557명에게 4년간 매일 스마트 밴드를 착용하고 자게 한 후 축적된 데이터를 분석했다. 연구 결과, 평소보다 늦게 잠든 날의 경우 안정 시 심박수가 높아지는 현상이 발견됐다. 잠드는 시간이 불과 30분만 늦어져도 결과는 같았다. 안정 시 심박수가 상승할 경우 심혈관계 질환 위험도 덩달아 커진다. (313음절)

(시사저널, 2022. 03. 30.)

확인 질문

1. 어느 연구팀에서 진행한 연구 결과인가요?
2. 몇 년간 연구를 진행했나요?
3. 안정 시 심박수가 상승할 경우 어떤 위험이 커지나요?

토론 질문

1. 이 연구 결과에 대해 어떻게 생각하나요?
2. 충분한 수면 시간을 확보하는 것과 잠드는 시간을 규칙적으로 유지하는 것 중에서 무엇이 더 중요하다고 생각하나요?

7. 30년 넘게 혼인 생활을 이어오다 황혼이혼한 사례가 전체 이혼 건수에서 차지하는 비율이 10년 사이 10% 넘게 늘어난 것으로 나타났다. 통계청이 발표한 '2021년 혼인 · 이혼 통계' 자료에 따르면 지난해 혼인 지속 기간이 30년 이상이었던 경우는 전체 이혼 건수의 17.6%로 1년 만에 7.5%p 증가했다. 10년 전인 2011년과 비교하면 10.6%p가 늘어난 수치다. 황혼이혼의 증가는 평균수명의 연장과 가치관 변화 등에서 비롯됐다는 게 통계청의 설명이다. 통계청 인구동향 과장은 "과거보다 평균수명이 늘고 60세 이상의 고령인구가 많아지면서 10~20년 전에는 드물게 보이던 황혼이혼이 최근 자주 관찰된다"며 "사회적으로 전반적인 가치관도 달라지고 있어 황혼이혼은 앞으로도 증가할 가능성이 크다"고 말했다. (313음절)

(매일경제, 2022. 03. 17.)

확인 질문

1. 무엇이 늘고 있나요?
2. 황혼이혼한 사례는 10년 사이 얼마나 늘었나요?
3. 통계청은 황혼이혼 증가를 어떻게 설명했나요?

토론 질문

1. 황혼이혼에 대해 어떻게 생각하나요?
2. 비혼주의에 대해 어떻게 생각하나요?

8. 난청이 있으면 소아의 경우 언어발달이 느리고, 성인은 소통의 제한으로 사회적으로 고립될 수 있다. 노인의 경우 치매 위험도 커진다. 청력이 안 좋으면 적극적으로 보청기 등을 통해 재활을 해야 하는 이유다. 난청은 계속 증가하고 있다. 건강보험심사평가원의 통계에 따르면 난청으로 병원을 찾은 환자는 2016년 34만 389명에서 2020년 40만 9632명으로 5년 새 약 20%가 증가했다. 우리나라가 점차 고령화되면서 노인이 늘어난 것도 이유지만, 젊은 연령층에서 음향기기의 사용이 늘고 소음에 노출되는 빈도가 늘어난 영향도 있다. 가톨릭대학교 성빈센트병원 이비인후과 교수는 "난청은 자신도 모르는 사이에 서서히 진행되기 때문에 초반에는 크게 불편을 느끼지 못하지만, 결국 소통에 제약이 돼 큰 문제를 초래하는 만큼 조기 진단과 적극적인 치료가 필요하다"고 말했다. (331음절)

(헬스조선, 2022. 04. 01.)

확인 질문

1. 난청은 무엇으로 이어질 수 있나요?

2. 난청으로 병원을 찾은 환자는 5년 새 얼마나 증가했나요?

3. 젊은 연령층에서 왜 난청이 증가하나요?

토론 질문

1. 난청이 있으면 무엇이 가장 불편할까요?

2. 조기 재활에 대해 어떻게 생각하나요?

9. 최근 미국 일리노이에 사는 롭이라는 남성은 60년이 된 집 화장실을 리모델링하다 깜짝 놀랐다. 벽 속에서 먹다 남은 맥도날드 감자튀김이 나왔기 때문이다. 포장지를 볼 때 60년 전 맥도날드 제품으로 추정되는 감자튀김은 믿기 힘들 정도로 잘 보존된 모습이었다. 그동안 인터넷상에선 '맥도날드 햄버거는 절대 썩지 않는다'며 몇 년간 보관해 둔 햄버거와 감자튀김을 SNS에 올리는 사람이 종종 있었다. 럿거스대 식품과학대학원 박사는 "맥도날드가 햄버거를 익히는 과정에서 대부분의 박테리아가 제거된다. 그런 햄버거를 건조한 환경에 보관하면 수분이 제거돼 '미라'처럼 마른 상태로 장기간 유지될 수 있다"고 말했다. 같은 맥도날드 햄버거라도 보관하는 장소가 건조하고 통풍이 잘 되는 곳이라면 음식이 썩기 전에 말라 버릴 것이므로 썩지 않지만, 장마철 날씨에 보관된다면 썩게 된다는 설명이 가능해진다. (339음절)

(서울신문, 2022. 05. 01.)

확인 질문

1. 남성은 리모델링을 하다가 무엇을 발견했나요?
2. 몇 년이나 지난 음식이었나요?
3. 어떤 환경에서 보관하면 '미라'처럼 유지되나요?

토론 질문

1. 60년이 지난 음식이 썩지 않은 것에 대해 어떻게 생각하나요?
2. 캔, 라면 등 유통기한이 긴 음식을 자주 먹는 것에 대해 어떻게 생각하나요?

10. 노동시장에 참여하기 어려운 취약계층, 아동, 노인, 장애인을 대상으로 현금성 복지 지원을 집중해 소득불평등 개선 효과를 노린다. 이른바 '부모 급여' 도입이 대표적이다. 올해 월 30만 원으로 시작해, 내년 70만 원, 오는 2024년 100만 원까지 지급액을 늘릴 계획이다. 일할 능력이 있는 근로빈곤층을 대상으로는 근로장려세제 최대 지급액을 올리고 재산 요건은 합리화하는 방식으로 근로 인센티브를 강화한다. 또, 보육과 돌봄, 간병 등 사회 서비스 수준을 높이면서, 청년과 맞벌이, 1인 가구 등 새로운 서비스 요구에도 대응할 계획이다. 이 과정에서 민간 참여를 늘려 혁신을 유도한다. 아울러, 공적연금개혁위원회를 설치해 연금 제도 전반에 대한 논의를 진행하는 방안도 제시되었다. 안철수 위원장은 특히, 앞서 연금 개혁을 수행한 스웨덴이나 영국 등의 사례를 들며, 모든 이해관계자를 망라한 사회적 대타협의 필요성을 강조하였다. (357음절)

(YTN, 2022. 04. 29.)

확인 질문

1. 노동시장에 참여하기 어려운 취약계층을 대상으로 어떤 유형의 복지 지원을 강화할 계획인가요?
2. 일할 능력은 있지만 사회적 지원이 필요한 대상을 무엇이라고 지칭하였나요?
3. 공적연금개혁위원회의 목적은 무엇인가요?

토론 질문

1. 현금성 복지 지원에 대해 어떻게 생각하나요?
2. 1인 가구를 위한 복지 정책에 대해 어떻게 생각하나요?

6. 주제에 대한 토론 (☞ 과제 실시 방법 p. 235)

1. 청소년이 화장하는 것에 대해 어떻게 생각하나요?

2. 65세 이상의 노인이 운전하는 것에 대해 어떻게 생각하나요?

3. 채식주의에 대해 어떻게 생각하나요?

4. 직장인들이 부업을 하는 것에 대해 어떻게 생각하나요?

5. 청소년이 일하는 것에 대해 어떻게 생각하나요?

6. 사형제도에 대해 어떻게 생각하나요?

7. 지역화폐 사용에 대해 어떻게 생각하나요?

8. 2개를 사면 1개가 무료인 2+1 행사에 대해 어떻게 생각하나요?

9. 30대가 출산을 하지 않는 것에 대해 어떻게 생각하나요?

10. 카페에서 공부하는 사람들에 대해 어떻게 생각하나요?

11. 노키즈존(No Kids Zone)에 대해 어떻게 생각하나요?

12. 북한의 핵 · 미사일 개발에 대해 어떻게 생각하나요?

13. 지하철 경로우대 무임승차 지원에 대해 어떻게 생각하나요?

14. 외국인 난민 수용에 대해 어떻게 생각하나요?

15. 다주택자 정부 규제에 대해 어떻게 생각하나요?

16. 영어유치원에 대해 어떻게 생각하나요?

17. 입양한 아이를 파양하는 것에 대해 어떻게 생각하나요?

18. 공소시효 폐지에 대해 어떻게 생각하나요?

19. 반려동물 보유세에 대해 어떻게 생각하나요?

20. 건강보험 보장성 강화 대책에 대해 어떻게 생각하나요?

7. 독백 (☞ 과제 실시 방법 p. 235)

1. 고향에 대해 이야기해 보세요.

2. 여행지로 추천하는 우리나라 도시에 대해 이야기해 보세요.

3. 재밌게 보았던 영화나 드라마에 대해 이야기해 보세요.

4. 좋아하는 가수와 노래에 대해 이야기해 보세요.

5. 기분이 나쁠 때 기분을 푸는 방법에 대해 이야기해 보세요.

6. 가장 좋아하는 사람에 대해 이야기해 보세요.

7. 회사에서 담당하는 업무에 대해 이야기해 보세요.

8. 우리나라에서 바뀌었으면 하는 문화에 대해 이야기해 보세요.

9. 불안을 해소하는 방법에 대해 이야기해 보세요.

10. 가장 기억에 남는 추억에 대해 이야기해 보세요.

11. 좋아하는 스포츠에 대해 이야기해 보세요.

12. 최근에 읽었던 책에 대해 이야기해 보세요.

13. 지금 살고 있는 도시의 환경 문제에 대해 이야기해 보세요.

14. 건강을 유지하는 방법에 대해 이야기해 보세요.

15. 소중한 물건에 대해 이야기해 보세요.

16. 미래에 이루고 싶은 목표에 대해 이야기해 보세요.

17. 자주 먹는 음식에 대해 이야기해 보세요.

18. 자주 이용하는 소셜미디어에 대해 이야기해 보세요.

19. 과거 혹은 현재 종사 중인 직업에 대해 이야기해 보세요.

20. 좋아하는 동물에 대해 이야기해 보세요.

참고문헌

김선우(2012). 말 산출에서 피질하 구조의 역할. 대한신경과학회지, 30(1), 1-9.

김영태(2014). 아동언어장애의 진단 및 치료. 서울: 학지사.

김향희(2021). 신경언어장애. 서울: 학지사.

Brookshire, R. H., & McNeil, M. R. (2014). *Introduction to Neurogenic Communication Disorders*. Mosby.

Chapey, R. (2008). *Language intervention strategies in aphasia and related neurogenic communication disorders* (5th ed.). Lippincott Williams & Wilkings.

Mendez, M. F., & Cummings, J. L. (2003). *Dementia: A clinical approach* (3rd ed.). Butterworth-Heinmann.

https://www.asha.org/slp/cognitive-referral/

https://theconversation.com/what-brain-regions-control-our-language-and-how-do-we-know-this-63318

https://medicine.yonsei.ac.kr/postgraduate/cooperation/lan_path/lan_introduction/

서혜경(Seo, HyeGyeong)

1급 언어재활사(보건복지부)
2급 임상심리사(보건복지부)
청각사(대한이비인후과학회)
연세대학교 대학원 언어병리학협동과정 석사
현 가톨릭대학교 은평성모병원 재활의학팀

김주연(Kim, JuYeon)

1급 언어재활사(보건복지부)
진술조력인(법무부)
연세대학교 대학원 언어병리학협동과정 석사
현 분당서울대학교병원 재활의학과

실어증 및 인지의사소통장애를 위한

언어재활 워크북 (표현력 편)

A Workbook for Aphasia and Cognitive Communication Disorder (Expression)

2023년 1월 20일 1판 1쇄 발행
2023년 9월 20일 1판 2쇄 발행

지은이 • 서혜경 · 김주연
펴낸이 • 김진환
펴낸곳 • (주) 학지사
04031 서울특별시 마포구 양화로 15길 20 마인드월드빌딩
대표전화 • 02)330-5114　　팩스 • 02)324-2345
등록번호 • 제313-2006-000265호

홈페이지 • http://www.hakjisa.co.kr
페이스북 • https://www.facebook.com/hakjisabook

ISBN 978-89-997-2802-0 93370

정가 20,000원

저자와의 협약으로 인지는 생략합니다.
파본은 구입처에서 교환해 드립니다.